Christen verändern die Welt

Eberhard von Gemmingen SJ

Christen verändern die Welt

Eine Reise zu großen Gestalten des Glaubens

Verlag Friedrich Pustet
Regensburg

Bibliografische Information der Deutschen Nationalbibliothek
Die Deutsche Nationalbibliothek verzeichnet diese Publikation in der Deutschen Nationalbibliografie; detaillierte bibliografische Daten sind im Internet über https://dnb.dnb.de abrufbar.

Gutenbergstraße 8 | 93051 Regensburg
Tel. 0941/920220 | verlag@pustet.de

ISBN 978-3-7917-3488-0
Umschlaggestaltung: Heike Jörss, Regensburg
Satz: Vollnhals Fotosatz, Neustadt a. d. Donau
Druck und Bindung: Friedrich Pustet, Regensburg
Printed in Germany 2024

eISBN 978-3-7917-6258-6 (epub)

Unser gesamtes Programm finden Sie unter
www.verlag-pustet.de

Inhalt

Eine Reise zu großen Gestalten des Glaubens

Vorwort

Verehrte, liebe Leserinnen und Leser,

Papst Franziskus sagte einmal: „Die Wurzel der Religion ist die Ohrfeige, die einem das Evangelium verpasst, die Begegnung mit dem lebendigen Christus.“ Diese Ohrfeige erhielt Europa vor rund 2000 Jahren von dem neu bekehrten und übereifrigen Juden Paulus, der unbedingt von Asien nach Europa wollte. Als er in Damaskus vom Pferd gefallen war, war ihm der lebendige Christus erschienen, und nun konnte er nicht mehr anders, als seine Pferde neu zu satteln. Bis nach Rom hat er geschrieben, und dies Schreiben hat Martin Luther aus dem germanischen Wittenberg veranlasst, auf ein neues Pferd zu setzen. Kurz: Die Ohrfeige des Evangeliums, die Begegnung mit Jesus Christus, hat gezündet.

Nun aber scheint das Christentum in Europa am Ende zu sein. Die Kirche ausgezehrt, der Katholizismus verbrannt! Die Zahlen scheinen zu bestätigen, dass der kulturelle Beitrag des christlichen Glaubens an einen Schöpfer, einen Erlöser und einen Heiliger seine Überzeugungskraft verloren hat. Ist das so? Ist Paulus gescheitert? Und wenn es so wäre, woran liegt das? Und welche Folgen hat es?

Ich vertrete die These: Wenn Jesus Christus in Europa ganz vergessen wird, dann verliert Europa seine Identität, seine kulturelle Kraft, seine politische und wirtschaftliche Bedeutung. Man kann wohl auch sagen: Dann verliert Europa seine Seele. Denn der Mensch lebt weder von Brot noch von Verteidigung alleine. Sein Leben braucht einen Sinn. Dieser wurde ihm durch Jahrhunderte vom Glauben an den Gott des Moses, an den Mann aus Nazareth und an den Geist Jesu Christi vermittelt. Und dieser Glaube hat Kultur geschaffen, einen Lebensraum der Schönheit, der Freiheit, des Rechts.

Religionen prägen Kulturen und Geschichte. Menschen, die ihr Leben an Gott orientieren, bestimmten bewusst oder unbewusst, mit lauter oder auch mit leiser Stimme den Lauf des Weltgeschehens.

Die kulturelle Bedeutung religiöser Überzeugungen zeigte sich nicht nur in den großen Kulturen Asiens, etwa in China und Indien sowie in der Welt Arabiens, sondern gerade auch in Europa.

Wenn die christlichen Kirchen auch im Lauf von 2000 Jahren unzählige Verbrechen verursacht haben, so inspirierte der Glaube an Jesus Christus doch erstaunlich viele herausragende Persönlichkeiten. Ja, es gab unzählige christliche Genies! Das Evangelium hat sie auf den Weg gebracht, die frohe Botschaft Jesu Christi hat die Welt durch ihr Wissen und Denken, durch ihre Wissenschaft und Kunst, ihre Politik und ihre sozialen Reformen gestaltet. Es waren Kämpfer und Beter, Mystiker und Revolutionäre. Sie gaben Europa ein christliches Gesicht.

Freilich dürfen die Sünden der Kirchenleute, die Kreuzzüge, Ketzerverbrennungen, Konfessionskriege, die Frauenunterdrückung und die Hexenverfolgungen nicht vergessen werden. Aber übersehen werden oft die christlichen Quellen von Genies, etwa des Komponisten Johann Sebastian Bach und des Künstlers Albrecht Dürer, des Europapolitikers Robert Schuman und der Kämpferin für die Schulbildung von Mädchen Mary Ward, der Verfassungsrechtlerin Helene Weber und des UNO-Generalsekretärs Dag Hammarskjöld. Wie sähe Europa aus ohne diese Christen, die den Mann aus Nazareth ernst genommen hatten?

Ich unterscheide zwei Gruppen (siehe Alphabetisches Verzeichnis): einerseits Personen, die Kultur geschaffen und geprägt haben, und andererseits Menschen, die herausragende Vorbilder christlichen Lebens waren. Dazu kommt die Beobachtung: Wie sähe Europa aus ohne die Dome, Klöster und Wallfahrtskirchen, ohne die Heiligtümer und Kapellen?

Ich lade Sie ein, mit mir eine große Tour zu machen. Sie führt uns vom ostpreußischen Königsberg bis ins Südtiroler Brixen. Zickzack durch die Mitte Europas! Es geht primär um den deutschen Sprachraum, aber wir machen auch Abstecher nach Ost und West, nach

Belgien, Holland und Luxemburg sowie nach Polen und Tschechien. Sie können natürlich auch einfach zu Hause bleiben und sich mit dem Alltag rumschlagen. Kommen Sie lieber mit, und Sie werden staunen, wen Sie alles entdecken!

Damit es nicht langweilig wird, mache ich keine systematische Vorstellung nach bestimmten Kategorien – wie Kultur, Politik, Soziales – oder nach historischen Perioden, sondern wir unternehmen eine Entdeckungsreise quer durch Mitteleuropa und stoßen dabei auf ganz unterschiedliche Typen. Alle aber haben aufgrund ihres Staunens über Jesus Christus und seine Entdeckung ein herausragendes Leben geführt oder sogar Europa kulturell vorangebracht.

Die Vorstellungen der einzelnen Personen sind unterschiedlich lang. Das liegt vor allem an ihrer kulturellen Bedeutung, an der Wirkung, die sie auf Geschichte und Gesellschaft ausübten. Manchmal liegt es auch an dem Wissen über ihre Persönlichkeit. Vielleicht liegt es auch an mir, der ich ihr Tun indirekt beurteile. Von manchen gibt es schöne Worte, die ich zitiere, von anderen kennen wir nichts.

Vielleicht werden Sie beim aufmerksamen Lesen diese oder jene Person vermissen, von denen Sie gedacht hatten, dass auch sie in diesen Reigen gehörte. Ich kann das verstehen. Und: Leider sind die Männer in der Überzahl. Freilich kann ich auch dagegenhalten: Was wären diese Männer ohne ihre Mütter oder ihre Ehefrauen? Mütter und Ehefrauen aber bleiben sehr oft im Schatten.

Ich stellte mir immer wieder die Frage, ob diese oder jene Persönlichkeit noch aufgenommen werden sollte, und ich habe mich dann gegen sie entschieden. Andere wurden aufgenommen, von denen Sie als Leserin oder Leser vielleicht sagen werden: Was hat denn dieser Mensch hier zu suchen? Vergeben Sie mir also bitte manche Einseitigkeiten. Allen gerecht zu werden, ist nicht einfach.

Schließlich: Was ich schreibe und wen ich auswähle, hat auch einen sehr persönlichen Charakter. Ich versuche, meinen Glauben und meine Weltanschauung zu zeigen und zum Ausdruck zu bringen und meine Überzeugung zu begründen. Manches ist daher einseitig. Ich mache nicht den Versuch, rein sachlich zu sein, sondern bin subjektiv. Und es sollte unterhaltsam und spannend sein.

Wer weiß: Wenn Sie – verehrte, liebe Leserinnen und Leser – gut aufpassen, dann gehören Sie eines Tages selbst zu meinen Entdeckungen. Kommen Sie mit! Steigen wir auf! Los geht's!

P. Eberhard von Gemmingen SJ

Immanuel Kant

Start bei der Aufklärung

Vermutlich wundern Sie sich, dass wir bei einem Glaubenskritiker, einem Aufklärer starten, der bis heute die gläubigen Christen provoziert und in Erklärungsnot bringt. Er stellt die Vernunft hoch über den religiösen Glauben. Seine These: Glauben an Gott ist rational nicht zu begründen und vor der reinen Vernunft nicht zu verantworten.

Immanuel Kant hat damit den Christen indirekt und ohne es zu wollen einen großen Dienst erwiesen, denn er hat sie gezwungen, über ihren Glauben kritisch nachzudenken. Kant hat sie genötigt, sich Rechenschaft darüber zu geben, ob es vor der Vernunft verantwortbar ist, an Gott und an Jesus Christus zu glauben. Einer der entschiedensten Beantworter der Frage von Kant ist Joseph Ratzinger, der spätere Papst Benedikt XVI. Ratzinger hat sich sein ganzes wissenschaftliches Leben mit der Frage herumgeschlagen, wie Glaube und Vernunft zusammengehen. Seine Antwort: Ein Glaube an Gott und seinen menschgewordenen Sohn Jesus Christus ist zwar nicht mit Vernunft zu begründen, aber der Glaube widerspricht nicht der Vernunft, er ist nicht unvernünftig. Im Gegenteil: Er ist sogar vernünftig, wenn man einmal den Sprung gewagt hat, an Gott und Jesus Christus zu glauben.

Es ist schon eigenartig, dass der Philosophieprofessor in Königsberg den Vornamen „Immanuel“ trägt. Immanuel heißt auf Hebräisch „Gott ist mit uns“. Seine Eltern waren wohl fromme Protestanten und tauften ihn so. Kants späterer Kollege Ludwig Feuerbach hat über seinen älteren Kollegen ein wenig gewitzelt: „Jedes Jahr, wenn die Studenten und Professoren der Universität zu Königsberg durch die Stadt zum Gottesdienst zogen, hat sie Kant begleitet. An der

Immanuel Kant (1724–1804)
Porträt von Johann Gottlieb
Becker, 1798

Kirche angelangt, hat er freundlich gegrüßt und ist dann guten Gewissens nach Hause gegangen."

Für Kant ist die sichtbare Kirche aber keineswegs irrelevant. Denn nach Kant weiß der Mensch zwar um das sittlich Gute und das sittlich Böse. Leider neige der Mensch aber zum Bösen, er wisse, dass er moralisch eigentlich vollkommen sein müsse. Das gelinge dem Menschen aber – nach Kant – nur in einem Gemeinwesen. Und Kant schlussfolgert: Das ethische Gemeinwesen ist nur in Form einer Kirche denkbar. Freilich denkt der Philosoph – wie er schreibt – an eine ‚unsichtbare Kirche'. Diese ist aber wegen der menschlichen Schwäche nicht realisierbar. Realisierbar ist nur eine sichtbare Kirche. Religiöse Vorschriften der Kirchen sind nach Kant nur ‚Vehikel' auf dem Weg zur unsichtbaren Kirche. Kant sehnt sich nach einer unsichtbaren, also ethischen ‚Kirche'. Es bestehen für ihn aber Zweifel, ob die sichtbare Kirche noch im Lauf der Geschichte zugunsten der unsichtbaren Kirche aufgelöst werden kann.

Kant ist also ein scharf denkender, rationaler Ethiker. Er provoziert den glaubenden christlichen Denker. Er schickt uns jetzt gleichsam auf den Weg.

Keine Angst! Im Lauf unserer Reise durch Mitteleuropa ist es nicht immer gedanklich so anstrengend wie am Start bei Immanuel Kant. Aber unser Ausgangspunkt sollte schon ein wenig provozierend sein.

Blaise Pascal: „Unterwirft man alles der Vernunft, dann bleibt in unserer Religion nichts Geheimnisvolles, nichts Übernatürliches; wenn man gegen die Grundforderungen der Vernunft verstößt, dann wird unsere Religion sinnlos und lächerlich sein. – Zwei Übertreibungen: Ausschluss der Vernunft. Nur die Vernunft gelten lassen."

▶ Von Königsberg starten wir in den kleinen Ort Finkenwalde bei Stettin. Hier wirkte einige Jahre lang einer der herausragendsten Theologen Europas des 20. Jahrhunderts.

Dietrich Bonhoeffer

Lutherischer Märtyrer

Der Theologe und Hitlergegner brachte die evangelische Kirche in Deutschland zusammen mit anderen Bekennern auf eine neue Ebene. Er gehörte zur Bekennenden Kirche. Sie erkannte durch Bonhoeffer und andere neu ihre Tiefe, Weite und Größe. So meine Interpretation des Mannes, der sein Leben für Christus gab. Geboren wurde Dietrich Bonhoeffer 1906 in Breslau, hingerichtet wurde er 1945 im KZ Flossenbürg. Er war Theologe, Pastor und Professor.

Die evangelische Kirche in Deutschland hat wohl durch ihn, durch sein theologisches Denken und sein angenommenes Schicksal wesentliche Schritte in die Moderne gemacht. Einen ähnlichen Schritt ist auch die katholische Kirche durch einige Zeugen gegangen. Der geistige Einfluss der Kirchen auf Kultur und Gesellschaft hat sich aufgrund der christlichen Zeugen gewandelt. Vor allem die evangelische Kirche hat sich durch Bonhoeffer von einer gewissen Umarmung durch den preußischen Staat gelöst. Ebenso hat das Denken von Dietrich Bonhoeffer Auswüchse der liberalen Theologie überwunden. Auf Dietrich Bonhoeffer sind heute viele evangelische Christen zu Recht stolz.

Bonhoeffer war zwar nicht förmlich Mitglied des politischen Hitler-Widerstands, wohl aber gehört er zu den aktivsten geistigen Widerständlern. Doch hatte er auch zu den politisch Aktiven Kontakt und wurde auf persönlichen Befehl Adolf Hitlers am 8. April 1945 – wenige Tage vor Kriegsende – mit dem Strang hingerichtet. Schon diese persönliche Entscheidung des Machthabers, Bonhoeffer hinrichten zu lassen – kurz vor Hitlers Selbstmord –, zeigt, dass sogar der Diktator erkannt hatte, welche Bedeutung Bonhoeffer für die Diktatur hatte.

Für die Geistes- und Kulturgeschichte Deutschlands und Europas ist vor allem Bonhoeffers Theologie wichtig. Meiner Ansicht nach ist es Bonhoeffers zentrales Anliegen, den Glauben an Jesus Christus so an die Welt und ihre Geschichte zu knüpfen, dass der Glaube nicht nur den einzelnen Gläubigen, sondern die Welt verwandelt. Bonhoeffers Glaube ist zwar nicht Politik, aber wenn der Glaube des Christen die Welt nicht ändert, stimmt etwas an dem Glauben nicht. In Bonhoeffers Worten: „Je ausschließlicher wir Christus als den Herrn bekennen, desto mehr enthüllt sich die Weite seines Herrschaftsbereiches [...] Die Welt gehört zu Christus, und nur in Christus ist sie, was sie ist. Sie braucht darum nichts Geringeres als Christus selbst. Alles wäre verdorben, wollte man Christus für die Kirche aufbewahren, während man der Welt nur irgendein, vielleicht christliches Gesetz gönnt [...] Seit Gott in Christus Fleisch wurde und in die Welt einging, ist es uns verboten, zwei Räume, zwei Wirklichkeiten zu behaupten: Es gibt nur diese eine Welt."

Dietrich Bonhoeffer (1906–1945)
Foto aus dem Jahr 1939

Bonhoeffer unterstreicht immer wieder, dass Christus nicht nur für die Christen, für die Kirchenmitglieder gestorben ist, sondern für die ganze Welt. Daher muss die kirchliche Gemeinde Christus der ganzen Welt verkündigen. Sie darf nicht für sich selbst leben, der einzelne Christ darf nicht für ‚den Himmel' und sein Seelenheil leben. Es geht um das Heil der Welt und vor allem auch um das Heil ihrer Geschichte. In diesem Sinn hat Bonhoeffer immer ‚Politik' gemacht und in ‚Politik' gedacht.

Ein wichtiges Wort, um Bonhoeffer zu verstehen, lautet: „Sollen Mensch und Gott zusammenkommen, so gibt es nur einen Weg: den Weg Gottes zum Menschen." Bonhoeffer klagt sich selbst und seine

Kirche an, dass sie anfangs zur Judenverfolgung geschwiegen habe, dass sie nur an sich selbst gedacht habe.

Dietrich Bonhoeffer: „Ich glaube, dass Gott aus allem, auch aus dem Bösesten, Gutes entstehen lassen kann und will. Dafür braucht er Menschen, die sich alle Dinge zum Besten dienen lassen. Ich glaube, dass Gott uns in jeder Notlage so viel Widerstandskraft geben will, wie wir brauchen. Aber er gibt sie nicht im Voraus, damit wir uns nicht auf uns selbst, sondern allein auf ihn verlassen. In solchem Glauben müsste alle Angst vor der Zukunft überwunden sein. Ich glaube, dass auch unsere Fehler und Irrtümer nicht vergeblich sind, und dass es Gott nicht schwerer ist, mit ihnen fertig zu werden, als mit unseren vermeintlichen Guttaten. Ich glaube, dass Gott kein zeitloses Fatum ist, sondern dass er auf aufrichtige Gebete und verantwortliche Taten wartet und antwortet."[1]

„Ihr werdet Kraft empfangen, wenn der Heilige Geist auf euch herabkommen wird; und ihr werdet meine Zeugen sein in Jerusalem und in ganz Judäa und Samarien und bis an die Grenzen der Erde." (Apg 1,8)

▶ Jetzt reisen wir von Finkenwalde weiter in die alte Hansestadt Lübeck.

Die Lübecker Märtyrer

Protest gegen Hitler

Die vier Geistlichen wurden von den Nationalsozialisten im Jahr 1943 mit dem Fallbeil hingerichtet, weil sie öffentlich gegen das Hitlerregime protestiert hatten. Das Besondere an der Gruppe ist, dass sie ökumenisch zusammengesetzt war, dass die Widerständler über die damals noch ziemlich strikten Konfessionsgrenzen hinweg die Untaten des Hitlerregimes offen vor ihrer Welt scharf kritisiert hatten.

Es gibt zwar noch etliche andere katholische und evangelische Theologen, die von den Nazis hingerichtet wurden, sie aber sind hier im hohen Norden ein Fanal. Sie sollten nie vergessen werden, denn sie sind ein Wahrzeichen der Hansestadt geworden. Wer waren diese vier? Es war der evangelische Pastor Karl Friedrich Stellbrink und die drei katholischen Seelsorger an der Herz-Jesu-Kirche: Kaplan Johannes Prassek, sein Mitarbeiter Eduard Müller und Vikar Hermann Lange. Sie waren schon lange befreundet und hatten oft ihre nazikritischen Ansichten untereinander ausgetauscht.

Am Palmsonntag 1942, als die Briten in der Nacht zuvor Lübeck bombardiert hatten, sagte Pastor Stellbrink, Gott habe mit mächtiger Stimme gesprochen. Die Nazis interpretierten diese Worte als Gottesgericht. Im Lauf der nächsten zwei Monate wurden Stellbrink und die anderen drei verhaftet. Erst ein Jahr später fand der Prozess vor dem Volksgerichtshof statt. Urteil: Rundfunkverbrechen, Feindbegünstigung und Zersetzung der Wehrkraft. Verurteilung zum Tod durch Enthauptung. Wann die Urteile vollstreckt wurden, ist nicht bekannt. Die Kosten für die Hinrichtung mussten die Angehörigen tragen.

Am 25. Juni 2011 wurden die drei Katholiken in Lübeck seliggesprochen. Beim Lübecker Rathaus und an mehreren anderen Stellen

Karl Friedrich Stellbrink
(1894–1943)

Eduard Müller
(1911–1943)

Hermann Lange
(1912–1943)

Johannes Prassek
(1911–1943)

in und um Lübeck sowie in Hamburg befinden sich heute Gedenktafeln für die vier, die ihr Leben im Protest gegen die Unmenschlichkeit der Nazis für Gott hingegeben haben.

„Denkt an das Wort, das ich euch gesagt habe: Der Sklave ist nicht größer als sein Herr. Wenn sie mich verfolgt haben, werden sie auch euch verfolgen; wenn sie an meinem Wort festgehalten haben, werden sie auch an eurem Wort festhalten.“ (Joh 15,20)

▶ Nun orientieren wir uns Richtung Hamburg. Dabei überqueren wir den heute nicht mehr sichtbaren Sachsenwall und kommen in ein Haus von christlichen Mönchen.

Kloster Nütschau

Grenzwächter gegen die Slawen

Leider war es im Lauf der menschlichen Geschichte immer wieder nötig, Mauern und Wälle zu bauen, da Menschen und Völker keine Engel sind, sondern sich manchmal wild bekämpfen. So bauten die alten Römer den Limes, um sich vor den wilden Germanen zu schützen, so errichteten die Chinesen die Chinesische Mauer, um die nomadischen Reitervölker im Norden zurückzuhalten. Und so gab es im hohen Norden Deutschlands zwischen Elbe und Kieler Förde den sogenannten Sachsenwall, den Limes Saxoniae. Er trennte die Germanen von den Slawen.

Auf den Resten einer dortigen sogenannten Fliehburg an der Trave steht seit 1951 ein Zentrum der Benediktiner, das Kloster Nütschau in Travenbrück – vermutlich die nördlichste Niederlassung des Benediktinerordens in Deutschland.

Daher möchte ich hier die große kulturelle Bedeutung des heiligen Benedikt und seiner Gründungen vorstellen.

Benedikt von Nursia

Ohne Mönche kein Europa

Der heilige Benedikt hat einen wesentlichen Grundstein für das gelegt, was wir die europäische Kultur und Identität nennen. Er hat das Fundament dafür bereitet, was typisch „Europa" ist. Durch die Gründung seiner Klöster entstand der kulturelle Boden, auf dem sich Europa wesentlich von Asien und Afrika unterscheidet. Die beiden Amerikas waren damals noch „terra ignota" – unbekanntes Land. Wir werden Benedikt aber auch später noch oft begegnen.

Benedikt wurde im Jahr 480 in einer gebildeten Familie in Umbrien – genauer in Nursia – geboren. Seine Eltern wollten, dass er ein wohlstudierter Herr würde, und sie schickten ihn daher zur Schule und zum Studium nach Rom. Dort war der junge Mann aber von der moralischen und politischen Dekadenz derart erschüttert, dass er bald Reißaus nahm und sich als Einsiedler in die Berge zurückzog. Er kam an den bis heute bekannten Ort Subiaco. Dort entstand später ein Kloster nach Benedikts Regel, das heute auch wegen seiner Fresken viele Touristen anzieht.

Es ging Benedikt, wie es auch heute „Aussteigern" geschehen kann. Er wollte einsam sein, aber es kamen viele, die ebenfalls mit dem dekadenten Leben brechen wollten. Sie suchten mit ihm eine Gemeinschaft und wollten von ihm lernen. Es entstand eine klösterliche Gemeinschaft – sogar in angeblich zwölf verschiedenen Niederlassungen. Vieles gefiel Benedikt nicht ganz an dieser Entwicklung. Er zog mit den Seinen um nach Montecassino, dem bekannten Berg auf halbem Weg zwischen Rom und Neapel. Hier entstand das eigentliche Gründungskloster.

Die harmlose spätrömische Götterverehrung stieß Benedikt ab. Ihm ging es um eine echte Spiritualität, um die Suche nach Gott – und das nicht allein, sondern in Gemeinschaft.

Benedikt von Nursia (um 480–547)
Benedetto-Portinari-Triptychon von
Hans Memling, 1487 (Ausschnitt)

Da der Mensch aber nicht von morgens bis abends beten und meditieren kann, galt für ihn und die Seinen bald das Motto „Bete und arbeite – Ora et labora". Aus dieser Kombination wuchs Europa. Für Benedikt und die Seinen galt die Grundregel: Du musst dich täglich diszipliniert in Gott verankern und dann die Welt bearbeiten. Konkret bedeutete das für die Benediktinerklöster: Felder anlegen für den Ackerbau, Wälder roden, Teiche anlegen für den Fischfang, Holz und Metall in Werkstätten bearbeiten. Es blieb aber nicht bei der Handarbeit. Viele Benediktgefährten lernten Lesen und Schreiben. Sie begannen die Schriften alter griechischer und römischer Gelehrter zu kopieren und zu übersetzen, sie sammelten alte Bücher, legten Bibliotheken an. Die Kirchen, in denen sie gemeinsam beteten, wurden immer kunstvoller. Weil sie von Jesus Christus ergriffen waren, waren sie tätig und schufen aus dem Geist des Evangeliums Kultur. Ohne den Anstoß durch Benedikt und die Seinen wäre Europa anders geworden.

In ganz Europa gab es wohl rund 35 000 Benediktinerklöster. Menschen in Klöstern sind nicht nur fromm und gehorsam, weil sie Angst haben, in die Hölle zu kommen. Christen schaffen Kultur, weil sie glauben: Der Schöpfergott hat dem Menschen die Welt gegeben, damit er sie bebaue und gestalte. Gott schuf den Menschen nach seinem Bild und Gleichnis. Gott ist Naturschöpfer, der Mensch wurde Kulturschöpfer. Ein wesentlicher Pionier auf diesem Weg war der heilige Benedikt von Nursia. Er wurde im Jahr 1964 zum Patron Europas erklärt.

> Aus der Ordensregel des heiligen BENEDIKT: „Höre, mein Sohn, auf die Weisung des Meisters, neige das Ohr deines Herzens, nimm den Zuspruch des gütigen Vaters willig an und erfülle ihn durch die Tat! So kehrst du durch die Mühe des Gehorsams zu dem zurück, den du durch die Trägheit des Ungehorsams verlassen hast. An dich also richte ich jetzt mein Wort, wer immer du bist, wenn du nur dem Eigenwillen widersagst, für Christus, den Herrn und wahren König, kämpfen willst und den starken und glänzenden Schild des Gehorsams ergreifst. Vor allem: Wenn du etwas Gutes beginnst, bestürme ihn beharrlich im Gebet, er möge es vollenden."

▶ Benedikt hatte einen intelligenten und weitdenkenden Schüler im Norden, der sogar zum „Patron des Nordens" wurde. Wir reisen weiter nach Hamburg.

Der heilige Ansgar

Pionier in Hamburg

Ein Wunsch Karls des Großen vom Jahr 810 ist für die kulturelle Entwicklung Hamburgs interessant: Er wollte, dass in der damals kleinen Hafen- und Handelsstadt eine Kirche gebaut würde. Ein Bischof aus Trier hat sie dann eingeweiht.

Was uns hier bewegt, ist die Gestalt des heiligen Ansgar. Er gilt als Bischof von Bremen und Hamburg und als Apostel des Nordens überhaupt, womit vor allem Dänemark und Schweden gemeint sind. Er begann als Lehrer in einem belgischen Benediktinerkloster. Von dort wurde er als Abt ins neu gegründete westfälische Kloster Corvey an der Weser geschickt.

Umstritten ist unter Forschern, ob er wirklich Bischof von Hamburg war. Sicher aber wurde er vom Papst zum Beauftragten der Mission bei den Dänen und Slawen berufen. Im Norden tat Ansgar

Hl. Ansgar (um 801–865)

das, was man von einem guten katholischen Bischof erwarten durfte: Er gründete eine Schule, ein Kloster und ließ die Marienkirche in Hamburg bauen. 845 plünderten die Wikinger allerdings Hamburg, und Ansgar ließ seinen Bischofssitz nach Bremen verlegen. Was tat er dort? Laut Wikipedia baute er Krankenhäuser, kaufte Gefangene frei und bekämpfte den Sklavenhandel. Was Christen eben so tun, wenn sie Jesus Christus verstanden haben. Das Urteil des dänischen Königs Horik über den heiligen Ansgar lautete: „In meinem Leben habe ich noch keinen so edlen Mann gesehen und in keinem Sterblichen so viel Treue gefunden wie in Ansgar."

Fazit: Es stimmt nicht, was viele so im Munde führen, die Christen hätten immer nur Kriege angestiftet und Menschen gegen ihren Willen zu Christen gemacht. Sie haben getan, was der Mann aus Nazareth vorgelebt hatte: Kranke heilen, Gefangene befreien, Menschen lehren – und das alles motiviert aus dem Glauben an Jesus Christus, in Hoffnung und Liebe zu ihm.

„Geht hinaus in die ganze Welt und verkündet das Evangelium der ganzen Schöpfung!" (Mk 16,15)

▶ Wir überqueren die deutsch-dänische Grenze und fahren nach Kopenhagen.

Søren Kierkegaard
Radikales Christentum

Der dänische Philosoph und Theologe hat die Theologie, die Kirche, das Christentum seiner Zeit scharf kritisiert. Sie waren ihm zu bürgerlich, zu angepasst, zu säkular geworden. Die Provokation Jesu Christi sei verloren gegangen, Christentum sei zur bürgerlichen Moral verkommen. Die Kirche habe den wahren christlichen Glauben aufgegeben und zu einem Kulturgut gemacht. Ja – er meinte nicht weniger, als dass die lutherische Staatskirche ein neues Heidentum sei.

Geboren wurde Søren Kierkegaard 1813 in Kopenhagen. Er studierte Philosophie und Theologie, nahm die Studien aber nicht sonderlich ernst. Doch er erlebte bei einem Ferienaufenthalt einen seelischen Umbruch. In seinem Tagebuch steht am 1. August 1835: „Es kommt darauf an, meine Bestimmung zu verstehen, zu sehen, was die Gottheit eigentlich will, dass ich tun solle; es gilt eine Wahrheit zu finden, die Wahrheit für mich ist, die Idee zu finden, für die ich leben und sterben will."

Nach Ansicht vieler Kenner war hier Kierkegaards entscheidende Lebenswende und begann sein Lebensweg, seine Existenzphilosophie. Und hiermit gab er einen Anstoß für unzählige Theologen und Philosophen Europas. Eine wesentliche Einsicht Kierkegaards war: Moral, Ethik und Gesetz machen den Menschen nicht frei, sondern verwickeln ihn in Schuld und Verzweiflung. Retten könne allein der Glaube an die Vergebung der Schuld durch Gott. Kierkegaard protestierte damit gegen die verbreitete Ansicht von Hegel, Glaube und Vernunft seien zu versöhnen. Glaube ist nach seiner Ansicht Ärgernis und Torheit. Genau das habe die Kirche vergessen. Er bezog sich damit im Wesentlichen auf den Römerbrief des Apostels Paulus.

Søren Kierkegaard (1813–1855)
Zeichnung von Niels Christian Kirkegaard, um 1840

Kierkegaard wollte an diesem Punkt seine schriftstellerische Arbeit beenden und Pfarrer werden. Doch er musste seinen Protest gegen falsche Theologie immer wieder in die Öffentlichkeit bringen und bewegte unzählige Denker und Kirchenleute. Er wurde oft und scharf angegriffen. Seine These war: Selbstverleugnung und Nachfolge Christi.

1850 erschien sein Buch „Einübung im Christentum". Er wurde immer stärker zu einem Gegner der Staatskirche und ist wohl bis heute ein Stachel im Fleisch der Kirchen. Kierkegaard starb 1855 in Kopenhagen.

„Wenn einer hinter mir hergehen will, verleugne er sich selbst, nehme sein Kreuz auf sich und folge mir nach." (Mt 16,24)

▶ Jetzt überschreiten wir die Grenze nach Schweden, landen in Uppsala und werden dort staunen über einen herausragenden Politiker des 20. Jahrhunderts, der nicht ohne den Glauben an Gott leben konnte.

Dag Hammarskjöld

UNO-Generalsekretär

Zwei grundlegende Überzeugungen des Politikers lauteten: „Das Unerhörte – in Gottes Hand zu sein" und „Das Leben hat Wert nur durch seinen Inhalt – für *andere.* Mein Leben ohne Wert für andere ist schlimmer als der Tod."

Geboren wurde der herausragende Schwede 1905. Nach dem Studium von Jura, Ökonomie und Philosophie stieg er in der Politik Schwedens auf bis zum Finanzminister und stellvertretenden Außenminister. 1953 wählten ihn die Vereinten Nationen zu ihrem Generalsekretär. Sein Kampf galt vor allem der Lösung von vier Konflikten: die Befreiung US-amerikanischer Gefangener aus Peking nach dem Koreakrieg, die Lösung der Suezkrise, die Suche des Friedens in Ungarn nach dem Aufstand gegen Moskau und die Beilegung des Sezessionskrieges im Kongo. Im Kongo erreichte ihn sein Schicksal, denn sein Flugzeug wurde im Jahr 1961 vermutlich abgeschossen. Postum erhielt er den Friedensnobelpreis.

Woraus er lebte, zeigt sich in einigen seiner Tagebuchaufzeichnungen:

„In dem Glauben, der ‚Gottes Vereinigung mit der Seele' ist, bist du eins mit Gott und Gott ganz in dir, gleich wie er ganz für dich ist in allem, was dir begegnet. In diesem Glauben steigst du im Gebet hinab in dich selbst, um den anderen zu treffen, im Gehorsam und Licht der Vereinigung." – „Verzeihen ist die Antwort auf den Kinderglauben vom Wunder, wodurch das Zerschlagene heil wird und das Schmutzige rein. In einem solchen Sinn bedürfen wir der Verzeihung und müssen sie geben. Im Erleben Gottes steht nichts zwischen ihm und uns, es wird uns verziehen. Aber wir können Gott nicht erleben, wenn irgendetwas zwischen uns und anderen stehen darf." – „Was du wagen musst – du selbst zu sein.

Dag Hammarskjöld (1905–1961)
Foto aus dem Jahr 1953

Was du erreichen kannst – in dir des Lebens Größe nach dem Maß deiner Reinheit zu spiegeln."[2]

„Wem viel gegeben wurde, von dem wird viel zurückgefordert werden, und wem man viel anvertraut hat, von dem wird man umso mehr verlangen." (Lk 12,48)

▶ Verlassen wir Skandinavien und fahren nach Niedersachsen, Sachsen und Sachsen-Anhalt. Erste Station ist Hannover.

Nils Stensen

Religiöses Universalgenie

Wer kann schon zehn Sprachen? Außer seiner dänischen Muttersprache konnte er noch Latein, Griechisch, Hebräisch, Arabisch, Deutsch, Englisch, Französisch, Italienisch und Niederländisch. Wer ist zudem kompetent in Anatomie, Mineralogie, Geologie und Paläontologie? Schließlich war der Mann auch Priester und Bischof und wurde 300 Jahre nach seinem Tod im Jahr 1988 von Papst Johannes Paul II. seliggesprochen.

Das Universalgenie Nils Stensen war 1638 in Kopenhagen geboren worden und starb 1686 in Schwerin. Wilhelm von Humboldt nannte ihn den „Vater der Geologie".

Sein wissenschaftliches Leben nahm, als er rund 30 Jahre alt war, eine religiös-kirchliche Wende. In den Niederlanden hatte er die Zersplitterung der reformierten Kirchen erlebt, in Italien den katholischen Glauben kennengelernt. Das trieb ihn zur Konversion. 1675 wurde er zum Priester, zwei Jahre später zum Bischof geweiht. Er sollte sich von Hannover aus um die katholische Minderheit in Norddeutschland und Skandinavien sorgen. Doch von dort wurde er nach Münster berufen. Als er aber hier erlebte, wie das Bischofsamt um Geld gekauft wurde, protestierte er laut und musste Münster

Nils Stensen (1638–1686)

wieder verlassen. Schließlich kümmerte er sich als Seelsorger nur noch um die Katholiken in Schwerin und starb mit 48 Jahren. Einer seiner großen Bewunderer war neben Wilhelm von Humboldt der Philosoph und Mathematiker Gottfried Wilhelm Leibniz. Glaube und Vernunft sind Geschwister. Für Stensen gilt wohl: Naturwissenschaft öffnet die Augen für das Staunen. Wer glaubt, hat das Staunen schon gelernt.

Niels Stensen: „Schön ist, was wir sehen, schöner, was wir erkennen, weitaus am schönsten aber, was wir nicht fassen können."

„Die Weisheit Salomos war größer als die Weisheit aller Söhne des Ostens und alle Weisheit Ägyptens. [...] Er redete über die Bäume, [...] über das Vieh, die Vögel, das Gewürm und die Fische. Von allen Völkern kamen Leute, um die Weisheit Salomos zu hören, Abgesandte von allen Königen der Erde, die von seiner Weisheit vernommen hatten." (1 Kön 5,10–14)

▶ Südlich von Hannover kommen wir nach Hildesheim.

Bernward von Hildesheim

Der Rom-Kopierer

Wenige deutsche Bischöfe haben kulturgeschichtlich so große Bedeutung wie der heilige Bernward von Hildesheim. Das zeigt sich schon darin, dass seit 1847 in der Walhalla bei Regensburg eine Gedenktafel an ihn erinnert. Auch im Treppenhaus der Berliner Nationalgalerie ist Bernward zu sehen. Gelebt hat der heiliggesprochene Mann von etwa 955 bis 1022.

Dargestellt wird er, wie er an einer Christusstatue arbeitet. Als Bischof von Hildesheim wollte Bernward seiner Stadt etwas von der Kultur und Schönheit Roms geben. Berühmteste Zeichen davon sind die sogenannten Bernwardstüren am Hildesheimer Dom. Sie sollen Türen der römischen Basilika Santa Sabina nachahmen.

Bernward von Hildesheim
(um 955–1022)
Denkmal im Domhof Hildesheim

Dazu kommt die Christussäule in Hildesheim, die den römischen Kaisersäulen nachempfunden ist. Die frühromanische Michaeliskirche soll das himmlische Jerusalem vorstellen und ein Abbild der Jerusalemer Grabeskirche sein.

Kein Wunder also, dass die UNESCO diese Bernward'schen Kunstschätze als Weltkulturerbe führt. Bischöfe waren nicht immer nur Seelsorger und Kirchenleiter, sondern manchmal auch Schöpfer großer Kunstdenkmäler. Von denen zehren nicht nur Touristen, sondern auch moderne Menschen, die sich als Atheisten oder Agnostiker bezeichnen.

> *„Machet die Tore weit und die Türen in der Welt hoch, dass der König der Ehre einziehe! Wer ist der König der Ehre? Es ist der Herr, stark und mächtig, der Herr, mächtig im Streit. Machet die Tore weit und die Türen in der Welt hoch, dass der König der Ehre einziehe! Wer ist der König der Ehre? Es ist der Herr Zebaoth; er ist der König der Ehre."*
> *(Ps 24,7–10)*

▶ Weiter östlich, in Wolfenbüttel, begegnen wir einem Musikgenie.

Michael Praetorius

Musikalischer Raumkünstler

Wer hat das berühmte Weihnachtslied „Es ist ein Ros entsprungen“ komponiert? Es ist der nicht so sehr bekannte Organist und Komponist Michael Praetorius. Seine Sache war es – wie er selbst sagte –, mit Musik zu predigen. Es ging ihm um das Evangelium. Der Spezialist für Alte Musik Klaus Eichhorn meint, Praetorius sei durch die Bibelübersetzung Martin Luthers davon überzeugt worden, biblische Gedanken in Musik zu gießen, sodass die Gläubigen den Inhalt verstehen konnten. Praetorius gilt als „Vater der evangelischen Kirchenmusik“.

Weil ihm die Weitergabe des Glaubens und die singende Glaubensgemeinde so wichtig waren, wollte er der Nachwelt sein ungeheures Wissen und Können über das singende Beten weitergeben. Das brachte ihn dazu, seine Kenntnis in nicht weniger als zwanzig Bänden niederzuschreiben. Darin nennt er auch Musikinstrumente, die damals in Gebrauch waren, heute aber vergessen sind: Krummhörner, Pommer, Quinterna, Englisch Zitterlein, Schlüsselfiddel bis zu den Heerpauken. Praetorius erkannte auch die Bedeutung des Kirchenraumes und nutzte ihn: Solisten, Chöre und Musikanten sollten an getrennten Plätzen stehen, Trompeten etwa konnten auch außerhalb der Kirche postiert werden. Der Raum musste rundum beschallt werden, die Gemeinde mittendrin mitsingen können. Und er dachte europäisch, denn seine Werke richtete er ausdrücklich an Organisten, Instrumentalisten, Orgel- und Instrumentenmacher auch außerhalb des deutschen Sprachraums. Die europäische Musikkultur wurde von ihm wesentlich bereichert. Er steht zwischen den vielleicht bekannteren Musikern Palestrina und Orlando di Lasso einerseits und Heinrich Schütz andererseits.

Michael Praetorius
(1571–1621)

Geboren war der Mann als Sohn eines Lutherschülers 1571 in der Nähe von Eisenach. Er studierte Theologie in Frankfurt an der Oder. Seine ersten Stationen waren Halberstadt und Braunschweig, bevor er in Wolfenbüttel seinen endgültigen Platz fand. Er starb 1621.

Michael Praetorius: „Die Musik ist eine schöne herrliche Gabe Gottes und ein Vorbild und Gleichnis der himmlischen Musik."

„Kommt, lasst uns jubeln dem Herrn, jauchzen dem Fels unsres Heils!" (Ps 95,1)

▶ Auf geht's von Wolfenbüttel an die Elbe nach Magdeburg! Wir überqueren damit die frühere Grenze zwischen der alten Bundesrepublik und der DDR und kommen am damals berühmten Helmstedt vorbei.

Mechtild von Magdeburg

Konflikt mit dem Klerus

Wenn wir in die alte Stadt Magdeburg kommen, interessieren wir uns vor allem für Mechtild. Sie war nicht nur Mystikerin, sondern vor allem auch Sozialrevolutionärin und im Konflikt mit dem Klerus. Auf ihre Weise hat die Mystikerin Kulturgeschichte gemacht.

Schon ihr Name ist vielsagend. Er bedeutet „kraftvolle Kämpferin". Geboren wurde die – vermutlich – adelige Dame 1208 in der Nähe von Magdeburg, gestorben ist sie zwischen 1282 und 1294 in Helfta bei Eisleben in Sachsen-Anhalt.

Schon als junges Mädchen wurde sie auf der Burg, wo sie zur Welt kam, mit Lyrik, Liebesliedern und Minnesang bekannt. Angeblich hatte sie schon als Zwölfjährige mystische Visionen. Doch sie wurde mit rund zweiundzwanzig Jahren „Sozialarbeiterin". Das hieß damals „Begine". Die Beginen waren eine Gemeinschaft, bei der man nach Ordensregeln, aber mitten unter Armen lebte. Auch Mechtild kümmerte sich um kranke Leibeigene, saß an unzähligen Sterbebetten. Sie kannte Gestank, Schmutz, Elend und Leid. Die Öffentlichkeit sah das gerne, denn es schien nützlich. Aber wehe, wenn Beginen auch noch den Reichtum anderer anprangerten oder sich gar in theologische Fragen einmischten! Das war ihnen verboten.

Um 1250 begann Mechtild, einer Helferin ihre Visionen in Form von Hymnen zu diktieren. Sie konnte selbst nicht schreiben. Man warnte sie, ihre Schriften könnten von den Kirchenverantwortlichen ins Feuer geworfen werden, denn das Domkapitel und die offizielle Kirchenleitung hatte sie schon scharf verurteilt. Einmal schrieb sie: „Ich bin mir gewiss, dass ich noch viele Becher mit Galle austrinken muss, denn leider hat der Teufel unter den Menschen geistlichen

Mechtild von Magdeburg
(1208–1282/94)

Standes noch sehr viele Schenken, die so voller Giftes sind, dass sie es nicht allein trinken können. Sie müssen es Gottes Kindern voller Bitterkeit ausschenken.“ Mit 60 Jahren flüchtete Mechtild ins Zisterzienserinnenkloster Helfta.

Mechtild von Magdeburg: „Ich tanze, Herr, wenn du mich führst. Soll ich sehr springen, musst du selber vorsingen. Dann springe ich in die Minne, von der Minne in die Erkenntnis, von der Erkenntnis in den Genuss, vom Genuss über alle menschlichen Sinne. Dort will ich verbleiben und doch höher kreisen.“[3]

▶ Jetzt werden wir vom Großraum Berlin gleichsam verschlungen und entdecken dort mehrere politisch äußerst engagierte Christen.

Konrad von Preysing

Im Angesicht von Adolf Hitler

Adolf Hitler und seine Gefolgsleute hatten es schwer mit manchen deutschen Bischöfen. Einer der widerwilligsten war der Bischof von Berlin, Konrad von Preysing. Der Bayer war hartnäckig, wie eben manche Bayern in Preußen hartnäckig sein können.

Preysing stammte aus einer adligen Familie, wurde 1880 geboren, studierte zunächst Jura, wurde dann Priester und bald Bischof von Eichstätt. Kaum war 1930 in dem protestantischen Berlin eine katholische Diözese eingerichtet worden, wurde er fünf Jahre später dorthin berufen und hatte viel Kontakt zum päpstlichen Nuntius Eugenio Pacelli. Wie es Preysing geschafft hat, in kurzer Zeit 36 neue katholische Kirchen in Berlin bauen zu lassen, bleibt ein Mysterium. Aber Preysing wurde vor allem der Diplomat des Vatikans im Deutschen Reich. Einer seiner Kämpfe galt dem Erhalt der katholischen Presse. Mit der päpstlichen Enzyklika „Mit brennender Sorge“ war ab 1936 der Konflikt zwischen Rom und Hitler programmiert. Preysing forderte Gegenwehr von den Katholiken. Er berief sich dabei auf die Menschenrechte, was damals noch ungewöhnlich war.

Preysing focht auch einen Konflikt aus mit dem Chef der Deutschen Bischofskonferenz, Kardinal Bertram von Breslau. Dieser hatte

Konrad von Preysing (1880–1950)

dem „hochgebietenden Führer" Geburtstagsglückwünsche mit „heißen Gebeten" geschrieben. Daraufhin bot Preysing dem Papst aus Protest seinen Rücktritt an. Der Papst verweigerte ihm diesen. In vielen seiner Predigten zeigte sich Preysing als Gegner des Nationalsozialismus und als Gegner des Zweiten Weltkriegs. Kriegsteilnahme war für ihn – im Gegensatz zu vielen seiner Amtskollegen – nie eine patriotische Pflicht. 1941 verurteilte er wie Clemens August Graf von Galen das Euthanasieprogramm.

Auf der Gedenkstätte Deutscher Widerstand in Berlin steht über Konrad von Preysing: „Unter seiner persönlichen Verantwortung werden zahlreiche Katholiken jüdischer Herkunft, aber auch ungetaufte Juden betreut. 1940/1 wendet Preysing sich in einem Schreiben gegen die Krankenmordaktionen an seine Geistlichen und lässt niemals in seinem Bemühen nach, immer wieder die übrigen Bischöfe zu einer schärferen Abwehr des Nationalismus zu bewegen. In den vierziger Jahren hat er auch Kontakte zum Kreisauer Kreis und zu Regimegegnern des 20. Juli 1944. Die NS-Führung wagt es trotz Preysings offener Gegnerschaft nicht, ihn zu verhaften."

Konrad von Preysing: „Der Einzelne darf nicht völlig aufgehen im Staat oder im Volk oder in der Rasse. Er, wer immer er sei, hat seine unsterbliche Seele, sein ewiges Schicksal." – „Aber das ist und bleibt sicher, dass keine Gewalt der Erde es unternehmen darf, einen Menschen zu Äußerungen und Handlungen zu zwingen, die gegen sein Gewissen, die gegen die Wahrheit wären." – „Wer immer Menschenantlitz trägt, hat Rechte, die ihm keine irdische Gewalt nehmen darf. [...] All die Urrechte, die der Mensch hat, das Recht auf Leben, auf Unversehrtheit, auf Freiheit, auf Eigentum, auf eine Ehe, deren Bestand nicht von staatlicher Willkür abhängt, können und dürfen auch dem nicht abgesprochen werden, der nicht unseres Blutes ist oder nicht unsere Sprache spricht."[4]

„Wenn sie euch ausliefern, macht euch keine Sorgen, wie und was ihr reden sollt; denn es wird euch in jener Stunde eingegeben, was ihr sagen sollt. Nicht ihr werdet dann reden, sondern der Geist eures Vaters wird durch euch reden." (Mt 10,19 f.)

▶ In Berlin kommen wir nicht umhin, mehrere Gefängnisse zu besuchen.

Christliche Widerständler

Mut bis zum Tod

Zunächst gehen wir in die Gedenkstätte 20. Juli – in den Bendlerblock. Hier stellen wir uns der Frage: Haben die Männer und Frauen, die Adolf Hitler gewaltsam beseitigen wollten, aus christlichen Motiven gehandelt? Welche Rolle spielte der Glaube an Jesus Christus vor allem bei dem Attentäter Graf Stauffenberg?

Eine ganz allgemeine Antwort gibt es nicht. Selbst die meisten Verschwörer würden von sich sagen, dass sie unterschiedliche Motive hatten.

Zweifel an der Berechtigung, Hitler gewaltsam zu beseitigen, kamen sicher bei etlichen Offizieren auf, weil sie den Eid auf Hitler geleistet hatten und sich an ihren Eid gebunden fühlten. Andere zweifelten wohl, ob der Mord an einem Tyrannen überhaupt je gerechtfertigt sei. Manche unter den Verschwörern mögen sich gesagt haben: Gott hat es zugelassen, dass wir von einem Diktator regiert werden, man darf sich Gott nicht in den Weg stellen – so schlimm der Weg auch ist. Gott hat es zugelassen, er ist der Herr der Geschichte, wir müssen seine Fügung ertragen – vielleicht als Strafe für frühere Sünden.

Der Attentäter vom 20. Juli, Claus von Stauffenberg, sagte unter Freunden: „Die Welt soll wissen, dass nicht alle Deutschen hinter Hitler standen, sie soll wissen, dass es in Deutschland auch Menschen gab, die Hitler vollkommen ablehnten." Das waren nicht nur christliche Worte.

Aber man kann wohl sagen, dass die allermeisten, die hinter dem Attentat vom 20. Juli gegen Hitler standen, aus christlichem Geist kamen und handelten, auch wenn sie vielleicht nicht sehr kirchlich waren.

Claus von Stauffenberg
(1907–1944)
Foto aus dem Jahr 1907

Stauffenberg kam kurz vor dem Attentat zu einem Gespräch zum Berliner Kardinal Preysing, in dem es vermutlich auch um die Frage ging, ob ein Attentat gegen Hitler vor Gott zu verantworten sei. Der Fachmann Wolfgang Knauft sagte in einem Vortrag: „Tragendes Fundament für Claus Stauffenberg war die christliche Werteordnung und der Anspruch seines christlichen Gewissens." Das bedeutete nicht, dass er oft in den Sonntagsgottesdienst ging. Sein Bruder Berthold meinte einmal: „Wir sind nicht das, was man im eigentlichen Sinne gläubige Katholiken nennt. Wir gingen nur selten zur Kirche und nicht zur Beichte. Mein Bruder und ich sind der Meinung, dass aus dem Christentum kaum noch etwas Schöpferisches kommen könnte."

Andererseits standen die Brüder Stauffenberg nach außen durchaus auf Seiten der Kirche, nachdem Partei und Gestapo ihre kirchenkämpferischen Aktionen begonnen hatten. Wenn Claus Stauffenberg einen Gottesdienst besuchte, dann demonstrativ in Uniform. Er wollte zeigen, wo sein weltanschaulicher Ort war. Die Tochter eines der Hauptverschwörer, Henning von Tresckow, zitierte später einmal ihren Vater: „Ich verstehe nicht, wie sich heute noch Menschen als Christen bezeichnen können, die nicht gleichzeitig wütende Gegner dieses Regimes sind. Ein wirklich überzeugter Christ kann doch nur ein überzeugter Gegner sein.“ Der christliche Hintergrund spielte bei den meisten Verschwörern des 20. Juli wohl eine große Rolle, auch wenn sie darüber hinaus auch andere Motive hatten.

Wir sollten jedoch nicht vergessen, dass auch sehr viele Kommunisten ihr Leben ließen im Kampf gegen das Naziregime und gegen Hitler.

> Claus von Stauffenberg: „Es ist Zeit, dass jetzt etwas getan wird. Derjenige allerdings, der etwas zu tun wagt, muss sich bewusst sein, dass er wohl als Verräter in die deutsche Geschichte eingehen wird. Unterlässt er jedoch die Tat, dann wäre er ein Verräter vor seinem eigenen Gewissen. [...] Ich könnte den Frauen und Kindern der Gefallenen nicht in die Augen sehen, wenn ich nicht alles täte, dieses sinnlose Menschenopfer zu verhindern.“[5]

▶ Die nächste Station in Berlin ist der Stadtteil Dahlem.

Martin Niemöller

Vom Saulus zum Paulus

Es gibt ungewöhnliche Lebenswege. Zu ihnen gehört der ehemalige kaiserliche Marine-Offizier, der französische Dampfer versenkte, die Demokratie verachtete, sich sogar zu den Nationalsozialisten schlug und dann – als er Hitler durchschaut hatte und kritisierte – im KZ Sachsenhausen landete und endlich ein führender Mann der Bekennenden Kirche wurde. Umkehr ist möglich!

Um diesen Weg zu verstehen, gehören noch weitere erstaunliche Schritte dazu: Der 1892 geborene Niemöller studierte nach dem Ersten Weltkrieg evangelische Theologie, weil er einer Gesellschaft ohne weltanschauliche Ordnung durch kirchliche Strukturen Sinn und Orientierung geben wollte. Auch beteiligte er sich daran, aufständische Arbeiter im Ruhrgebiet niederzuschlagen, trat der Deutschnationalen Volkspartei bei und engagierte sich für eine Hohenzollern-Monarchie gegen die Weimarer Verfassung. Seit 1924 wählte er die Nationalsozialistische Deutsche Arbeiterpartei (NSDAP). Er forderte 1933 den „Führerstaat".

Einen Umschwung gab es bei ihm, als Nichtarier von den Nationalsozialisten aus Kirchenämtern entfernt wurden. Er begann mit dem Pfarrernotbund zu sympathisieren, der sich gegen das Regime richtete. Aus ihm ging die Bekennende Kirche hervor. 1934 kam es zu einer direkten Begegnung zwischen Niemöller und Adolf Hitler. Hitler verstand die Bekennende Kirche als Einrichtung gegen den Staat, Niemöller als Ort der Verteidigung christlicher Verkündigung. Es kam zum Bruch. Da Niemöller oft bei Vorträgen gegen die sogenannten Deutschen Christen auftrat, wurde er schließlich 1937 verhaftet und nach einem kurzen Prozess als „persönlicher Gefange-

Martin Niemöller (1892–1984)
Foto aus dem Jahr 1949

ner" Adolf Hitlers ins KZ Sachsenhausen gebracht und 1941 nach Dachau verlegt.

Nach dem Krieg engagierte sich Niemöller für eine Erneuerung der evangelischen Kirche. Er war Mitglied im Rat der Evangelischen Kirche in Deutschland und Präsident der Kirche in Hessen und Nassau. Er wollte das Landeskirchentum überwinden. Darüber hinaus hatte er wesentlichen Anteil am Zustandekommen des Stuttgarter Schuldbekenntnisses, in dem die Evangelische Kirche in Deutschland ihre Schuld an der Nazidiktatur bekannte. Im Weiteren kämpfte Niemöller gegen die Atombewaffnung. Er wurde Präsident der Deutschen Friedensgesellschaft und der Kriegsdienstgegner. Schließlich war er führendes Mitglied der Außerparlamentarischen Opposition. Bis zu seinem Tod im Jahr 1984 war Niemöller hart umstritten. Seine Ansichten spalteten. Man war fast gezwungen, sich für oder gegen ihn zu entscheiden.

Bernhard Lichtenberg

Gebet für die Juden

Jetzt besuchen wir in der Berliner St.-Hedwigs-Kathedrale das Grab des Priesters, der während der Nazizeit hier regelmäßig öffentlich für die verfolgten Juden und Christen gebetet hat. Der Staat Israel hat ihn bei den „Gerechten unter den Völkern" eingereiht. Er war einer der wenigen, die für die ganze Stadt hörbar das Regime anklagten.

Der 1875 geborene Schlesier wurde Dompropst an der Hedwigskathedrale in der Reichshauptstadt, eine herausgehobene Position. Von 1913 bis 1920 saß er für die Zentrumspartei auch im Charlottenburger Stadtparlament. Er rief öffentlich zum Besuch des Antikriegsfilms „Im Westen nichts Neues" nach dem Roman von Erich Maria

Bernhard Lichtenberg (1875–1943)

Remarque auf. Das brachte Joseph Goebbels auf die Barrikaden. Die Gestapo durchsuchte die Wohnung von Lichtenberg. Und ab 1938 betete Lichtenberg jeden Sonntag im Gottesdienst für die Juden sowie für die zum Christentum konvertierten Juden.

1941 protestierte er in einem Brief gegen die Ermordung unheilbar Kranker und geistig oder körperlich Behinderter. Im Oktober 1941 nahm ihn die Gestapo gefangen. Bei der Festnahme fanden die Ermittler auch eine Kanzelvermeldung, in der es hieß, man solle dem Naziaufruf nicht glauben, dass Unterstützung der Juden ‚Verrat am eigenen Volk' sei. Lichtenberg wurde zu einer zweijährigen Haftstrafe verurteilt, danach jedoch nicht freigelassen, sondern in „Schutzhaft" genommen. Das Reichssicherheitshauptamt verfügte die Übersendung in ein Konzentrationslager. Auf dem Transport dorthin starb Lichtenberg in der fränkischen Stadt Hof infolge der Haft und der Misshandlungen.

„Siehe, ich sende euch wie Schafe mitten unter die Wölfe; seid daher klug wie die Schlangen und arglos wie die Tauben! Nehmt euch aber vor den Menschen in Acht! Denn sie werden euch an die Gerichte ausliefern und in ihren Synagogen auspeitschen." (Mt 10,16 f.)

Carl Sonnenschein

„Der Ragazzibändiger"

Kurt Tucholsky nennt ihn eine „für die Feinen etwas suspekte Erscheinung, ein Zigeuner der Wohltätigkeit". Der für betuchte Zeitgenossen etwas lästige Priester war ein ‚Sonnenschein' für Menschen in Not.

Carl Sonnenschein wurde 1876 in Düsseldorf geboren, gestorben ist er 1929 in Berlin. Als er in Rom Theologie studierte, um Priester zu werden, unterrichtete er schon Kinder auf der Straße und wurde von seinen Mitstudenten „Ragazzibändiger" genannt. Hier lernte er nicht nur Armut, sondern auch politischen Katholizismus kennen. Als Pfarrer in Elberfeld kümmerte er sich besonders um die Mädchenbildung, um Heimarbeiterinnen und um italienische Bergarbei-

Carl Sonnenschein
(1876–1929)

ter. Reiche Leute waren nie sicher, ob er sie nicht mitten in der Nacht anrief und um Geld bat. Angestellt wurde er dann beim Volksverein für ein katholisches Deutschland. 1918 wechselte er nach Berlin und begann den Aufbau einer katholischen Volkshochschule. Bei seinem Tod trauerten nicht nur Konservative, sondern auch Sozialdemokraten, Juden und viele andere. Ein Buch über Carl Sonnenschein hat den Titel „Kommunisten muss man überflüssig machen".

„Da brachte man Kinder zu ihm, damit er sie berühre. Die Jünger aber wiesen die Leute zurecht. Als Jesus das sah, wurde er unwillig und sagte zu ihnen: Lasst die Kinder zu mir kommen; hindert sie nicht daran! Denn solchen wie ihnen gehört das Reich Gottes. Amen, ich sage euch: Wer das Reich Gottes nicht so annimmt wie ein Kind, der wird nicht hineinkommen. Und er nahm die Kinder in seine Arme; dann legte er ihnen die Hände auf und segnete sie." (Mk 10,13–16)

▶ Auf dem Alexanderplatz in Berlin treffen wir einen der aufregendsten deutschen Schriftsteller der Kriegs- und Nachkriegszeit.

Alfred Döblin

Katholischer Aussteiger

Im Jahr 1941 löste der jüdische Schriftsteller einen Schock aus, als er vor seinen Literaturkollegen bekannte, er sei katholisch geworden. Sie waren entsetzt. Bertolt Brecht nannte Döblins Konversion einen „peinlichen Vorfall". Der Theologe Karl-Josef Kuschel kommentierte: „Wer religiös geworden ist, scheidet als ernst zu nehmender Künstler aus."

Für die Welt der Literatur war damals klar: Wer mit Kunst zu tun hat, kann kein gläubiger Mensch sein. Oder: Wer an Gott glaubt, kann kein Künstler sein. Die Welt der Literaten lachte und spottete über ihn. Döblin war indessen durch seinen Roman „Berlin Alexanderplatz" schon weltberühmt geworden. Dieses Buch freilich ließ Adolf Hitler von seinen Schergen verbrennen.

Das Bekenntnis Döblins fand freilich nicht in Deutschland statt, denn der 1878 in Stettin geborene studierte Mediziner Alfred Döblin war kurz vor der Machtergreifung Adolf Hitlers im Februar 1933 in die Schweiz geflohen, kam dann über Frankreich und Lissabon in die USA. Er ließ sich mit seiner Familie in Hollywood nieder, verdiente mühselig sein Brot bei der Erstellung von Filmmanuskripten. Dort hatte sich eine ganze Reihe deutscher Literaten auf der Flucht vor den Nazis versammelt. Unter ihnen waren Thomas Mann, Lion Feuchtwanger, Bertolt Brecht und viele andere. Zunächst hatte sich Döblin mit seiner Frau und seinem Sohn taufen lassen und bekannte sich anlässlich seines 65. Geburtstags vor rund 200 Exilschriftstellern zu seinem Glauben. Er hatte vor allem den moralischen Relativismus angeklagt.

Die Entscheidung zur Konversion war durch zwei Begegnungen mit Christus am Kreuz gereift. Einmal bei einer Polenreise vor der

Christusfigur in der Marienkirche in Krakau, das andere Mal vor dem Kruzifix in der Kathedrale von Mende in Frankreich. Der Glaube an Christus begann ihn tief zu betreffen. Hier empfand er zum ersten Mal den Glauben als etwas Wahrhaftiges, den Gekreuzigten als wahres Symbol für das menschliche Elend.

Schon 1945 kehrte Döblin nach Deutschland zurück. In der Zwischenzeit waren einige seiner Verwanden in Auschwitz ermordet worden. Döblin starb 1957.

Alfred Döblin (1878–1957)
Foto aus dem Jahr 1949

Günter Grass schrieb in „Mein Lehrer Döblin“: „Döblin lag nicht richtig. Er kam nicht an. Der progressiven Linken war er zu katholisch, den Katholiken zu anarchisch, den Moralisten versagte er handfeste Thesen, fürs Nachtprogramm zu unelegant, war er dem Schulfunk zu vulgär; weder der ‚Wallenstein‘ noch der ‚Giganten‘-Roman ließen sich konsumieren; und der Emigrant Döblin wagte 1945 in ein Deutschland heimzukehren, das sich bald darauf dem Konsum verschrieb. Soweit die Marktlage: der Wert Döblin wurde und wird nicht notiert.“[6]

„Ich bin als Licht in die Welt gekommen, damit jeder, der an mich glaubt, nicht in der Finsternis bleibt.“ (Joh 12,46)

▶ Von Berlin fahren wir nun nach Südosten und erreichen Lübben.

Paul Gerhardt

„Ich steh an deiner Krippe hier“

Was wären evangelische und katholische Kirchengesangbücher ohne die Lieder mit den Texten von Paul Gerhardt? Mit ihm unterhalten wir uns im Spreewald, an einer seiner vielen seelsorglichen Wirkungsstätten. Er war evangelischer Pastor und durchwanderte fünf Stationen.

Geboren wurde Gerhardt 1607 in Gräfenhainichen in der Nähe von Wittenberg, er starb 1676 in Lübben. Gerhardts Liedtexte sind nicht nur bis in die Neuzeit lebendig geblieben, sondern auch in viele Sprachen übersetzt worden. Es gibt sie auf Englisch, Französisch, Spanisch, Niederländisch sowie in afrikanischen und asiatischen Sprachen. Da Gerhardts Texte auch in katholischen und reformierten Büchern stehen, ist er zum ökumenischen Dichter geworden. Gerhardt hat für fast jede Festgelegenheit gedichtet.

Um seine Bedeutung zu erkennen, muss man ein paar Lieder ausdrücklich nennen: das Adventslied „Wie soll ich dich empfangen“, die Weihnachtslieder „Ich steh an deiner Krippe hier“ und „Fröhlich soll mein Herze springen“, das Passionslied „O Haupt voll Blut und Wunden“, das Loblied „Lobet den Herren alle, die ihn ehren“, die Begräbnislieder „Ich bin nur Gast auf Erden“ und „Befiehl du deine Wege“ sowie das Abendlied „Nun ruhen alle Wälder“.

„Da ich noch nicht geboren war,
da bist du mir geboren
und hast mich dir zu eigen gar,
eh ich dich kannt, erkoren.
Eh ich durch deine Hand gemacht,
da hast du schon bei dir bedacht,
wie du mein wolltest werden.“[7]

Paul Gerhardt (1607–1676)
Zeitgenössischer Kupferstich

„Lobt, ihr Knechte des Herrn, lobt den Namen des Herrn! Der Name des Herrn sei gepriesen von nun an bis in Ewigkeit. Vom Aufgang der Sonne bis zu ihrem Untergang sei gelobt der Name des Herrn." (Ps 113,1–3)

▶ Jetzt geht die Reise weit nach Osten in ehemals deutsche Gebiete, zu denen das Ermland gehörte. Dort lernen wir eine Frau kennen, die das damalige katholische Ordensleben sprengte.

Regina Protmann
Kranke als Auftraggeber

In Braunsberg wollte die Tochter eines Kaufmanns zusammen mit anderen Frauen als Ordensfrau nur für Gott leben und gleichzeitig Kranke pflegen. Sie war davon überzeugt, dass Nächstenliebe das Wichtigste im Christentum ist. Die Kombination von Pflege und Ordensgemeinschaft war aber kulturell völlig undenkbar und verboten. Ordensfrau zu sein bedeutete, im Kloster abgetrennt von der Welt zu leben. Dennoch gründete Regina Protmann gemeinsam mit Gleichgesinnten die erste Ordensgemeinschaft für Krankenpflege, die Katharinenschwestern.

Geboren wurde Regina Protmann 1553, sie starb 1613. Ihre Jugendzeit war geprägt durch Reformation und Gegenreformation sowie durch viele Pestkranke in ihrer weiten Umgebung. Kurz zuvor hatte das Konzil von Trient entschieden, dass Ordensfrauen in Klausur leben müssen. Doch Regina und ihre Freundinnen waren anziehend, erhielten Zulauf von anderen jungen Damen und wurden durch die Jesuiten unterstützt. Rund zehn Jahre vor Reginas Tod erlangte ihre Gemeinschaft offiziell die kirchliche Anerkennung. Die Katharinenschwestern waren die Türöffnerinnen für viele andere Frauengemeinschaften, die Kranke pflegten. Erst 1999 wurde Regina Protmann von Papst Johannes Paul II. seliggesprochen. Heute arbeiten rund 500 Katharinenschwestern in Brasilien, Togo, Benin, Kamerun, Russland, Weißrussland, Polen und Deutschland. Nachwuchs haben sie in Brasilien, Polen, Afrika, auf den Philippinen und auf Haiti.

Regina Protmann (1553–1613)
Denkmal in Braniewo/Polen

„Was ihr für einen meiner geringsten Brüder getan habt, das habt ihr mir getan." (Mt 25,40)

▶ Und jetzt machen wir eine weite Fahrt von Braunsberg über Danzig nach Thorn an der Weichsel. Heute heißt die Stadt auf Polnisch Toruń. Hier lernen wir den Mann einer kulturgeschichtlichen Wende kennen.

Nikolaus Kopernikus

„Christus kam an die Peripherie“

Mit dem Priester und Wissenschaftler Nikolaus Kopernikus ging das Mittelalter zu Ende und begann die Neuzeit. Er brachte die „kopernikanische Wende“ mit seiner Erkenntnis: Die Sonne kreist nicht um die Erde, sondern die Erde um die Sonne. Bisher hatten die Menschen aufgrund der Beobachtung gemeint, die Sonne kreise um die Erde. Die Erde ist also nicht der Mittelpunkt des Kosmos. Daher sagen einige Christen: „Christus kam nicht ins Zentrum, sondern an die Peripherie.“ Das war für die Christen und viele andere eine unerträgliche Vorstellung.

Alle Christen waren der Überzeugung: Gott kann der Welt nicht am Rande des Kosmos erschienen sein, er ist in die Mitte der Welt gekommen. Da aber Christus auf die Erde kam, musste die Erde das Zentrum sein. Kopernikus aber war Astronom – und nebenbei auch noch Arzt und Domherr, also Priester.

Geboren wurde er 1473 im damals preußischen Thorn, gestorben ist er 1543 in Frauenburg. Er studierte – wie es heißt – die freien Künste in Krakau. Die nächste Studienstation war Bologna mit dem Studium der Rechte und der Astronomie. Damit nicht genug: Er setzte ein Medizinstudium in Padua drauf. In der ermländischen Heimat zurück, praktizierte er als Arzt. Und nebenbei erarbeitete er Grundlagen der Geldtheorie, die jahrhundertelang Beachtung fanden. Schließlich war er als Kanzler des ermländischen Domkapitels noch politisch tätig, nämlich im Konflikt zwischen dem König von Polen und dem Deutschen Orden. Er stellte sich auf die Seite Preußens und Polens gegen den Deutschen Orden.

Aber seine eigentliche Größe lag eben in seinen astronomischen Beobachtungen. Doch das, was später Galileo Galilei ins Gefängnis brachte, regte damals die kirchliche Welt nicht auf, wurde nicht beachtet. So kam es zur „kopernikanischen Wende“: Die Erde und die Planeten kreisen um die Sonne und nicht die Sonne um die Erde. Freilich war er keineswegs der Einzige, der auf diesem Gebiet forschte. In halb Europa studierten Astronomen in diese Richtung, aber Kopernikus gab der Kehrtwende ihren Namen. Die Europäer mussten umdenken: Christus war nicht ins physische Zentrum des Kosmos gekommen, sondern auf einen kleinen Planeten. Das musste die Theologie und Kultur erst einmal verarbeiten.

Nikolaus Kopernikus (1473–1543)
Kupferstich, um 1515

„Die Himmel rühmen die Herrlichkeit Gottes, vom Werk seiner Hände kündet das Firmament. Ein Tag sagt es dem andern, eine Nacht tut es der andern kund, ohne Worte und ohne Reden, unhörbar bleibt ihre Stimme.“ (Ps 19,2–4)

▶ Zurück geht's in den Westen! Wir kommen vorbei an Gnesen, Posen und Frankfurt, wo wir die Oder überqueren. Dann lassen wir Berlin etwas nördlich liegen, sehen von Ferne Potsdam und kommen schließlich in Sachsen-Anhalt nach Wittenberg und stoßen dort auf den Mann, der seine Heimatstadt berühmt gemacht und eine andere kopernikanische Wende gebracht hat.

Martin Luther

Reform und Reformation

Der Reformator aus Wittenberg spielt für die Geschichte des Christentums in Deutschland und Europa eine herausragende Rolle. Die Geschichte wenigstens Mitteleuropas wäre ohne sein Denken und Schreiben anders verlaufen. Er selbst würde von sich sagen: Mir war es gegeben, die Europäer wieder zurückzuführen zu Jesus Christus, zu seinem Liebesopfer, zu dem Glauben, dass sein Tod am Kreuz den Menschen erlöst hat. Er würde sagen: Die meisten Christen zu meiner Zeit meinten, dass sie nur dann nach ihrem Tod zu Christus kommen, wenn sie Opfer bringen. Sie hatten den Eindruck, sich selbst durch Opfer erlösen zu müssen und zu können.

Katholische Theologen würden heute Martin Luther antworten: Dies haben vielleicht viele Christen zu Ihrer Zeit geglaubt, aber das war nie katholische Lehre. Das war ein verbreiteter Irrtum, aber es war nie die Lehre der Kirche.

Die Lebensdaten des Reformators sollen hier nicht genannt werden, denn sie sind allgemein bekannt. Wir wollen vielmehr hervorheben, wie sehr Martin Luther und seine Reformation den Fortgang der europäischen Kultur beeinflussten. Dabei dürfen wir aber nicht übersehen, dass die Spaltung für die Überzeugungskraft des Christentums ein großer Schaden war, denn überzeugen kann nur Einheit und Einigkeit. Spaltung mag in mancher Situation das geringere Übel sein, aber ein Übel ist es immer.

Wer sich in den Ländern Europas einigermaßen auskennt, kann leicht den Unterschied erkennen zwischen Ländern, in denen die große Mehrheit einer einzigen Kirche angehört, und anderen Ländern, in denen die Bevölkerung in verschiedene Konfessionen gespalten ist. Aus

Martin Luther (1483-1546)
Porträt von Lucas Cranach d. Ä.
(1528)

dem Schaden der Spaltung kann jedoch auch Nutzen hervorgehen, denn es gibt Konkurrenz. Die Gemeinschaften können sich vergleichen, können in einen gewissen Wettbewerb treten, können verschiedene Akzente in ihrem kirchlichen Handeln setzen.

So hat die evangelische Kirche auf die Predigt, die Verkündigung in deutscher Sprache, auf das Lesen und das Verständnis der Heiligen Schrift größten Wert gelegt. Daher sind evangelische Christen vielen Katholiken in der Kenntnis der Bibel weit voraus. Freilich hingen sie oft ebenso an ihren evangelischen Herrschern wie Katholiken an katholischen.

In anderen Ländern Europas ist das meist anders. In den romanischen Ländern hat die katholische Kirche nahezu keine „Konkurrenz", fast alle Bürger sind eben katholisch, ähnlich die orthodoxen Christen in vielen slawischen Ländern. Das birgt die Gefahr der Anpassung, der angepassten Religiosität. Sicher sind Verallgemeinerungen oft gefährlich, aber man kann wohl registrieren, dass die Situation der Spaltung in Deutschland geholfen hat, das Christentum besser zu verstehen. Beide Seiten brauchten immer wieder Argumente, um der jeweils anderen zu zeigen, dass sie auf dem rechten Weg ist.

Sosehr die Kirchenspaltung ein Schaden für die Glaubensverkündigung ist, so sehr ist sie auch ein Stachel im Fleisch der Kirchen, die eigene Sache besser zu bedenken und zu leben. Martin Luther hat also – ohne es zu wollen – dazu beigetragen, dass das Christentum für die geistige Entwicklung Deutschlands fruchtbar wurde. Man kann sagen: „Gott schreibt eben auch auf krummen Zeilen gerade."

Martin Luther: „Gute, fromme Werke machen nimmermehr einen guten frommen Mann, sondern ein guter, frommer Mann macht gute, fromme Werke. Böse Werke machen nimmermehr einen bösen Mann, sondern ein böser Mann macht böse Werke."[8]

„Alle sollen eins sein: Wie du, Vater, in mir bist und ich in dir bin, sollen auch sie in uns sein, damit die Welt glaubt, dass du mich gesandt hast." (Joh 17,21)

▶ Ein wenig südlich von Wittenberg kommen wir nach Halle an der Saale.

Georg Friedrich Händel

„Religion in Tönen verkünden“

Er hat die berühmteste Halleluja-Melodie komponiert. Vor ihm beugte Beethoven sein Knie und sagte: „Händel ist der größte Komponist, der je gelebt hat. Ich würde mein Haupt entblößen und an seinem Grabe niederknien.“ Händel ist ohne seinen christlichen Glauben nicht zu verstehen. Davon zeugt auch die Psalmvertonung „Dixit Dominus“. Der Schriftsteller E. T. A. Hoffmann sagte über das Musikgenie: „Georg Friedrich Händel unternahm es, das große wunderbare Geheimnis der Religion in Tönen zu verkünden.“

Händel wurde am 23. Februar 1685 geboren, im gleichen Jahr wie Bach. Seine Mutter stammte aus einer evangelischen Pfarrersfamilie. Der Dirigent Peter Neumann schreibt über ihn: „Händels Mutter wird mit ihrem Sohn regelmäßig die Gottesdienste in ihrer Pfarrkirche besucht haben, wo er Liturgie und Grundsätze des lutherischen Glaubens aufgenommen hat. An diesen hat er zeitlebens festgehalten.“

Georg Friedrich Händel (1685–1759)
Nach einem Gemälde von Carl Jäger, um 1870

Nach seinen Jahren in Halle und Hamburg kam er schon mit 21 Jahren nach Rom, wurde von kulturhungrigen Kardinälen entdeckt, musste für sie komponieren. In Rom hat er – laut Neumann – „ohne mit der Wimper zu zucken katholische Kirchenmusik geschrieben". Schließlich kommt er als bekanntes Genie nach England. Im Jahr 1741 komponierte er sein größtes Meisterwerk, das Oratorium „Der Messias". Was wäre Europa ohne die Künstler, die ihre Genialität mit dem christlichen Glauben verbanden, mit dem Glauben an Jesus Christus? Gestorben ist Händel 1759 in London.

„Halleluja - der Herr ist auferstanden, halleluja." (Aus der katholischen Liturgie)

▶ Nicht weit ist es von Halle nach Leipzig. Hier hat eine außergewöhnliche Dame ihre Wurzeln.

Ruth Pfau

Verrückte Ärztin und Nonne

„Vom deutschen Wirtschaftswunder ins Lepra-Viertel von Karachi“. So lautet eine Kapitelüberschrift in einem Aufsatz von Bernhard Grom über diese Powerfrau. Die katholische Frauengemeinschaft, der sie sich angeschlossen hatte, wollte zur Zeit der Französischen Revolution lieber im Untergrund bleiben, als sich sozial zu engagieren.

Doch die Dame hatte eine bewegte Vorgeschichte. Sie wurde 1929 in einer Unternehmerfamilie in Leipzig geboren, 1943 wurde ihr Haus von Bomben zerstört, 1948 passierte Ruth Pfau die grüne Grenze in den aufblühenden Westen. Sie studierte Medizin. Angeregt wurde sie vermutlich dadurch, dass eine jüngere Schwester gestorben war, weil ihre Mutter nicht genug Milch hatte, um das Kind zu stillen. Als Studentin lässt sie sich in der evangelischen Kirche taufen, konvertiert nach zwei Jahren zur katholischen Kirche. Eines Tages war ihr klar, dass sie ganz in der Nachfolge Christi in einer Gemeinschaft leben und sich für Kranke engagieren will. Sie wird von ihrer Gemeinschaft nach Indien geschickt. Von dort aus kommt sie nach Karachi in Pakistan und entdeckt mitten in der Stadt „die Hölle“: 150 leprakranke Bettler in einer Kloake. Die Pflege und Heilung von Leprakranken wird ihre Lebensaufgabe. Sie packte ihre Arbeit so professionell und engagiert an, dass sie landesweit und sogar weltweit bekannt wurde. 1980 wurde Ruth Pfau nationale Beraterin als Staatssekretärin für das Lepra- und Tuberkulosekontrollprogramm. Durch ihre Arbeit war die Lepra 1996 in Pakistan unter Kontrolle. 2017 starb die Frau, erhielt ein Staatsbegräbnis und wurde zur Nationalheldin erklärt.

Ruth Pfau
(1929–2017)

Ruth Pfau trug – mit kirchlicher Erlaubnis – an der Brust immer konsekrierte Hostien mit sich. Sie schrieb in einem Buch: „Ich weiß nicht, wie ich das Leben bestehen könnte, wenn ich IHN nicht hätte.“

„Ich bin gekommen, damit sie das Leben haben und es in Fülle haben.“ (Joh 10,10)

▶ In Leipzig dreht sich das Leben der Touristen um eine weitere berühmte Person.

Johann Sebastian Bach

„Nicht Bach, sondern Meer sollte er heißen“

Warum kommen Zehntausende Japaner und Chinesen nach Leipzig? Natürlich wegen Johann Sebastian Bach. Sie stehen an seinem Grab in der Thomaskirche und hören im Geiste Bachs Kantaten und Passionen. Und hier werden sie vielleicht auch erstmals mit dem Glauben an Jesus Christus konfrontiert. Denn Bach ohne Gott und Jesus Christus ist nicht zu haben.

Lassen wir einmal einen Nichtchristen über Bach zu Wort kommen, nämlich Friedrich Nietzsche: „In dieser Woche habe ich dreimal die Matthäuspassion des göttlichen Bach gehört, jedes Mal mit dem Gefühl der unermesslichen Verwunderung. Wer das Christentum völlig verlernt hat, der hört es hier wirklich wie ein Evangelium.“

Johann Sebastian Bach wurde 1685 in Eisenach geboren und starb 1750 in Leipzig. Sein Leben war zunächst ein Wanderdasein, bis er mit 38 Jahren in Leipzig Thomaskantor wurde. Seine erste Frau schenkte ihm sieben, seine zweite Frau dreizehn Kinder, von denen die meisten im Kindesalter starben. Sein Leben hatte auch große Tragik.

Bach lebte und komponierte aus dem Glauben an das unendliche Geheimnis, das wir Gott nennen. Er selbst schrieb einmal: „Mit aller Musik soll Gott geehrt und die Menschen erfreut werden. Wenn man Gott mit seiner Musik nicht ehrt, ist die Musik nur ein teuflischer Lärm und Krach.“

Der Dirigent und Kirchenmusiker Thomas Neuhoff schreibt über Bach: „Das Hören einer Passionsaufführung, Matthäuspassion oder Johannespassion, gibt einem die Möglichkeit zu einem religiösen Grunderlebnis, was möglicherweise Seiten im Menschen anspricht, die verbal nicht unbedingt zugänglich gewesen wären.“

Johann Sebastian Bach (1685–1750) Porträt von Elias Gottlob Haussmann 1746

Bach selbst erklärte den Sinn der Musik so: „Endlich soll auch die Endursache aller Musik und also auch des Generalbasses seyn nicht anderes als nur Gottes Ehre und Recreation des Gemüths; wo dies nicht in Acht genommen ist, das ist keine recht eigentliche Musik." Der schwedische Religionswissenschaftler und Bischof Nathan Söderblom schreibt: „Fragt man mich nach dem fünften Evangelium, so nenne ich ohne Zögern die musikalische Übersetzung der Erlösungsgeschichte, die ihren Höhepunkt in Johann Sebastian Bach erreicht ist."

Bach war auch ein berühmter Organist. Ein Zeitgenosse sagte von ihm: „Seine Füße flogen über die Orgelpedale, als ob sie Flügel hätten, und wie ein Donner brausten die Klänge durch die Kirche." Sein großer Nachfolger als Komponist, Ludwig van Beethoven, meinte: „Nicht Bach, sondern Meer sollte er heißen, wegen seines unendlichen, unerschöpflichen Reichtums an Tonkombinationen und Harmonien."

Burkhard Reinartz charakterisierte in einer Sendung des Deutschlandfunks die Musik Bachs mit folgenden Worten: „Was Generationen von Theologen in Reflexion und Predigt zu verkündigen, zu ergründen und zu beweisen versuchten, scheint der Musik von Johann Sebastian Bach jenseits der Worte zu gelingen. Bis in die Gegenwart erreichen seine Klänge nicht zuletzt auch Menschen, die sich schon lange vom Christentum verabschiedet haben."[9]

▶ Jetzt richten wir uns nach Osten – nach Dresden.

Nikolaus Ludwig von Zinzendorf

Verfrühter Ökumeniker

Der bekannte evangelische Theologe Karl Barth bezeichnete den eher unbekannten Theologen Ludwig von Zinzendorf als den ersten echten Ökumeniker. Freilich hatte er schon vor rund 300 Jahren gelebt, als man eher an Spaltung denn an Einheit dachte. Zinzendorf aber hatte nicht nur Sehnsucht nach der Einheit der Christen, sondern inspirierte auch große Denker wie Lessing, Goethe, Herder und Schleiermacher. Und: Kaum jemand weiß, dass die bekannten „Losungen" auf ihn zurückgehen. Es lohnt sich, den sächsischen, sehr frommen, exotischen Adeligen ein wenig kennenzulernen.

Nikolaus Ludwig von Zinzendorf
(1700–1760)
Lithographie, um 1854

Zinzendorf ist vor allem der Gründer der Herrnhuter Brüdergemeinde. Geboren wurde er im Jahr 1700 in Dresden, ging in Halle zur Schule, wo er pietistisch geprägt wurde. Mit 16 Jahren begann er das Theologiestudium in Wittenberg. Bei Reisen nach Frankreich lernte er katholische Gläubige kennen und begann, sich nach der Einheit der Konfessionen zu sehnen. Doch seinen Lebensunterhalt musste er sich als Justizrat in Dresden verdienen. Als er 30 Jahre alt war, gründete er die Herrnhuter Bewegung, eine christliche Glaubensgemeinschaft, die ihre Wurzeln im Glauben der „Böhmischen Brüder" hat, aber auch geprägt ist vom Pietismus und Calvinismus und schließlich vom Luthertum. Die Herrnhuter Brüder leben sehr missionarisch. Daher besteht heute in Tansania weltweit die größte Gemeinschaft. Laut Wikipedia gibt es weltweit mehr als eine Million „Herrnhuter".

„Amen, amen, ich sage euch: Wer mein Wort hört und dem glaubt, der mich gesandt hat, hat das ewige Leben." (Joh 5,24)

▶ Auf dem Weg weiter nach Osten erreichen wir Schlesien. Hier geben wir der „Königin des Landes" einen Handkuss.

Hedwig von Schlesien

Schlaue Büßerin

Heilige können auch schlau sein, so etwa auch die heilige Hedwig. Denn da sie heilig werden wollte, ging sie gerade auch im Winter und auf Schnee barfuß. Als ihr Beichtvater ihr dies verbot, nahm sie die Sandalen in die Hand und trug sie eben nicht an den Füßen, sondern in den Händen.

Mit Hedwig geschah, was im Mittelalter üblich war: Sie wurde schon zwölfjährig von ihrem Vater, dem Grafen von Andechs, mit Herzog Heinrich im fernen Schlesien verheiratet. Das war 1186. Das Paar bekam sieben Kinder, von denen aber nur eines das Kindesalter überlebte. Nach 22 glücklichen Ehejahren lebten Hedwig und ihr Mann enthaltsam. Heinrich holte viele deutsche Siedler in sein slawisches Herzogtum, Hedwig dagegen kümmerte sich um Arme und Kranke und versuchte, den christlichen Glauben der Bevölkerung zu vertiefen. Dazu organisierte sie die Gründung von mehreren Klös-

Hedwig von Schlesien
(1174–1243)
Statue in Vác/Ungarn

tern. Das Kloster Trebnitz war bald eine kleine Stadt mit 1000 Einwohnern, denn neben den Ordensfrauen lebten hier Jugendliche, die lesen und schreiben lernten, sowie viele Angestellte, die sich über Arbeitsplätze freuten. Hier im Kloster starb Hedwig 1243; sie wurde sehr bald als Heilige verehrt.

Seitdem die katholischen Schlesier 1945 ihre Heimat verlassen mussten, versammeln sie sich fast jährlich in Hedwigs Heimat, im Kloster Andechs, wo auch Reliquien von ihr verehrt werden.

„Wer bei euch groß sein will, der soll euer Diener sein, und wer bei euch der Erste sein will, soll euer Sklave sein. Denn auch der Menschensohn ist nicht gekommen, um sich dienen zu lassen, sondern um zu dienen und sein Leben hinzugeben als Lösegeld für viele." (Mt 20,26–28)

▶ Die nächste Station in Schlesien heißt Kreisau. Der Ort wurde vor allem durch den Kreisauer Kreis bekannt.

Helmuth James Graf von Moltke

Ein besseres Deutschland denken

Selbständig und verantwortungsbewusst zu denken und sich von der Masse abzusetzen, ist gefährlich. Der Gutsbesitzer und Jurist aus dem schlesischen Kreisau organisierte während der Zeit des Nationalsozialismus einen Kreis von Personen, die die Frage diskutierten, wie es in Deutschland nach dem Naziregime demokratisch weitergehen sollte. Die Weimarer Republik war gescheitert, weil die vielen Parteien Regierungsbildung und Regieren außerordentlich schwer machten.

Im Kreisauer Kreis von Helmuth James Graf von Moltke spielten einige Theologen eine herausragende Rolle. Es waren die Jesuiten Alfred Delp, Augustin Rösch, Lothar König und der evangelische Theologe Eugen Gerstenmaier. Moltke lehnte wie die meisten Mitglieder des Kreisauer Kreises den Tyrannenmord ab. Das musste sogar der Nazirichter Roland Freisler beim Volksgerichtshofprozess einräumen. Moltke schrieb seiner Frau dazu: „Wir … werden gehenkt, weil wir zusammen gedacht haben." Gleichzeitig war sich Moltke bewusst, dass er sich letztlich als Mann mit konsequenter christlicher Überzeugung zu verantworten hatte. Er schrieb über seinen Prozess: Er habe vor seinem Richter gestanden „nicht als Protestant, nicht als Großgrundbesitzer, nicht als Adliger, nicht als Preuße, nicht als Deutscher … sondern als Christ und als gar nichts anderes".

Der 1907 geborene Moltke und sein Kreisauer Kreis waren auf jeden Fall nicht am Attentat gegen Hitler vom 20. Juli beteiligt. Moltke selbst verurteilte es ausdrücklich. Doch er wurde verraten, als er einen Freund vor der bevorstehenden Verhaftung gewarnt hatte.

Helmuth James Graf von Moltke (1907–1945)
Foto aus dem Prozess gegen Mitglieder des Kreisauer Kreises, 1945

Im Januar 1945 wurde er festgenommen und hingerichtet. Eine außerordentliche Rolle spielte für seine innere Kraft seine Frau Freya. Sie wurde die „Seele von Kreisau" genannt. Und Moltke lebte aus einem tiefen christlichen Glauben.

> Im Gefängnis schrieb Moltke an seine Frau: „Es ist noch ein schweres Stück Weges vor mir, und ich kann nur bitten, dass der Herr mir weiter so gnädig ist wie er war … Und was haben wir – Liebes – gestern schönes gelesen: ‚Wir haben aber solchen Schatz in irdenen Gefäßen, auf dass die überschwängliche Kraft sei Gottes und nicht von uns … Wir leiden Verfolgung, aber wir werden nicht verlassen … Und tragen alle Zeit das Sterben des Herrn Jesus an unserem Leibe, auf dass auch das Leben unseres Herrn an unserem Leibe offenbar werde' … Wenn ich jetzt gerettet werden würde – was ja bei Gott nicht wahrscheinlicher oder unwahrscheinlicher ist als vor einer Woche – so muss ich sagen, dass ich erst einmal mich wieder zurechtfinden müsste, so ungeheuer war die Demonstration von Gottes Gegenwart und Allmacht. Er vermag sie eben auch zu

demonstrieren, und zwar ganz unmissverständlich zu demonstrieren, wenn er genau das tut, was einem nicht passt. Alles andere ist Quatsch."[10] Seine Frau Freya schreibt ihm ins Gefängnis: „Ich werde leben müssen, das wird schwer sein, aber es wird gehen, denn ich werde Dich weiter lieben dürfen. Ich werde Dich in Gott lieben und werde Dich so nicht stören auf den Wegen, die Du gehen wirst, und Gott werde ich mehr und besser lieben als bisher. Du musst aber bitte in der Gewissheit sterben, dass ich außer Gott nur Dir gehöre."[11]

In der Enzyklika „Pacem in terris" sagt Papst Johannes XXIII.: „Die Würde der menschlichen Person verlangt, dass es dem Menschen möglich gemacht wird, aus eigenem Entschluss und in Freiheit zu handeln."

▶ Von Kreisau geht es nach Breslau.

Angelus Silesius

„Cherubinischer Wandersmann“

Breslau ist die Heimat des berühmten Angelus Silesius. Er ist nicht nur ein Herold, der uns himmlische Lieder geschenkt hat, sondern auch ein Sozialheld. In den Jahren vor seinem Tod verschenkte er sein ganzes Geld an Arme, sorgte für die Ausbildung von Waisenkindern, behandelte als Arzt kostenlos viele Kranke. Dies sollte nur vorausgeschickt sein, denn seine Poesie ist ja viel bekannter als seine Wohltätigkeit.

Geboren wurde er als Johannes Scheffler in Breslau im Jahr 1624, dort starb er auch 1677, also nur rund 50 Jahre alt. Medizin studierte er in Straßburg und Padua. Dort erhielt er auch den Doktor in Medizin und Philosophie. Zur Überraschung und zum Ärger vieler evangelischer Christen konvertierte er mit rund 30 Jahren zur katholischen Kirche und nannte sich von da an „Angelus“. Ihn störte an den Evangelischen die Ablehnung der Mystik. Er schreibt: „Die katholische Kirche, die nicht allein mit dem Heiligen Geist im Gebet kommuniziert, sondern auch der persönlichen Erscheinung und Besuchung genießt, sei der Leib des Heiligen Geistes.“[12] Aus seiner Feder gingen nicht nur mystische Texte hervor, sondern auch polemische. Er war gegen Martin Luther ebenso

Angelus Silesius (1624–1677)
Porträt, um 1850

wie gegen die Türken. Die Türkengefahr war für ihn göttliche Strafe. Sein Hauptwerk ist der „Cherubinische Wandersmann“, die bekanntesten Kirchenlieder sind „Ich will dich lieben, meine Stärke“ und „Morgenstern der finstern Nacht“.

Angelus Silesius:
„Man kann den höchsten Gott mit allen Namen nennen,
man kann ihm wiederum nicht einen zuerkennen.
Gott ist ein lautrer Blitz und auch ein dunkles Nicht,
das keine Kreatur beschaut mit ihrem Licht.
Gott ist ein Geist, ein Feuer, ein Wesen und ein Licht
und ist doch wiederum doch dieses alles nicht.
Was Gott ist, weiß man nicht. Er ist nicht Licht, nicht Geist,
nicht Wahrheit, Einheit, Eins, nicht, was man Gottheit heißt.
Gott ist nur eigentlich, er liebt und lebet nicht,
wie man von mir und dir und andren Dingen spricht.
Das überlichte Licht schaut man in diesem Leben
nicht besser, als wenn man ins Dunkle sich begeben.
Gott wohnt in einem Licht, zu dem die Bahn gebricht,
wer es nicht selber wird, der sieht ihn ewig nicht.“

„Singt dem Herrn ein neues Lied, singt dem Herrn, alle Lande!“ (Ps 96,1)

▶ Nun fahren wir weiter nach Osten an einen Ort des Grauens, aber es muss sein: nach Auschwitz. Das liegt in der Nähe von Krakau.

Maximilian Kolbe

Marienkämpfer an allen Fronten

Maximilian Kolbe hatte vier Feinde: den Nationalsozialismus, den Kommunismus, die Freimaurerei und den Zionismus. Weil er aber kein Judenfeind war, versteckte er vor den Nationalsozialisten – neben vielen anderen Verfolgten – auch 2300 Juden und kam dafür ins KZ. In Auschwitz meldete er sich freiwillig anstelle eines anderen Gefangenen in den Hungerbunker, wo er starb. Die katholische Kirche verehrt ihn als Märtyrer, auch die Anglikaner halten ihn in Ehren.

Der lungenkranke Ordensmann Kolbe hatte vorher ein umtriebiges und ideenreiches apostolisches Ordensleben geführt, war aber gleichzeitig ein großer Beter. 1894 kam er im damals von Russland beherrschten Polen zur Welt, wurde mit 16 Jahren Franziskaner-Minorit, errichtete nach seiner Priesterweihe auf Eigeninitiative in der Nähe von Warschau die kleine Stadt Niepokalanow, eine Art Großkloster für rund 700 Mönche, die er vor allem zur Medienarbeit ausbildete. Mit Hilfe der Mitbrüder ließ er eine Druckerei, eine Rundfunkanstalt, ein Krankenhaus, einen Bahnhof und einen Flugplatz errichten. Sie gaben eine Zeitung heraus,

Maximilian Kolbe (1894–1941)
Foto aus dem Jahr 1936

die eine Auflage von über einer Million erreichte. Es ging ihm um die Beeinflussung der Öffentlichkeit durch christliches Denken. 1930 machte er einen Abstecher nach China und baute auch dort neue Missionseinrichtungen auf.

Für die Nationalsozialisten war die Medienarbeit in Polen seit der Besetzung des Landes im Jahr 1939 unerträglich. Kolbe als Chef der Einrichtung wurde verhaftet und kam über verschiedene Stationen nach Auschwitz. Hier hatte 1941 ein Lagerinsasse angeblich die Flucht versucht, weshalb zehn Häftlinge zur Strafe in den Hungerbunker mussten. Kolbe meldete sich freiwillig, um einem der Verurteilten das Leben zu retten.

Es stimmt, dass Kolbe die Juden alle taufen wollte oder wünschte, dass sie auswandern. Er wollte sie möglichst zu Christen machen. Aber er rettete vielen von ihnen das Leben.

> MAXIMILIAN KOLBE: „Napoleon wurde einmal gefragt, was dazu gehöre, um eine Schlacht zu gewinnen. Er antwortete: Geld, Geld und nochmals Geld! Wenn es um die Heiligung der Seelen geht, müsste man sagen: Man braucht das Gebet, das Gebet und nochmals das Gebet! Ohne das Gebet wird die Seele schwach. Je mehr man aber aus diesem Gnadenschatz schöpft, desto mehr wird man Gnaden besitzen.“[13]

„Es gibt keine größere Liebe, als wenn einer sein Leben für seine Freunde hingibt.“ (Joh 15,13)

▶ Zurück gen Westen kommen wir nach Thüringen. In Erfurt treffen wir einen europäischen Vordenker, der auch gleichzeitig ein Mystiker war.

Meister Eckhart

Gottesgeburt in der Seele

Über diesen umfassenden Denker des späten Mittelalters müsste man so viel schreiben, dass es besser ist, nur ein paar Worte von ihm vorzustellen. Wenn man diese bedenkt, kennt man den Meister am besten. Hier einige der bekanntesten Aussagen von Meister Eckhart: „Wer werden will, was er sein sollte, der muss lassen, was er jetzt ist." – „Im Schweigen mag der Mensch am ehesten seine Lauterkeit bewahren." – „Alles, was man von Gott aussagen kann, das ist Gott nicht." – „Gott ist ein Gott der Gegenwart. Wie er dich findet, so nimmt und empfängt er dich, nicht als das, was du gewesen, sondern als das, was du jetzt bist." – „Hätt' ich einen Gott, den ich verstehen könnte, ich wollte ihn nimmer für Gott halten."

Der 1260 im thüringischen Gotha Geborene wurde schon mit fünfzehn Jahren Dominikaner, studierte in Köln Philosophie und Theologie und wurde Priester. Möglicherweise ist er in Köln gerade noch dem weisen Albertus Magnus begegnet. 1293/94 hielt er Vorlesungen in Paris, kehrte dann nach Erfurt zurück und wurde Leiter der Ordensprovinz Saxonia, die von den Niederlanden bis Lettland reichte. 1303 war er in Paris zum Magister erklärt worden, und ab 1311 war er dort Professor. Ab 1323 unterrichtete Eckhart in Köln und war Prediger. Hier wurde er nun der Glaubensabweichung angeklagt. Er verteidigte sich und musste schließlich vor dem Papst erscheinen, der damals in Avignon residierte. Eckhart wiederholte mehrfach, er nehme alle Lehren der Kirche an, argumentierte aber, dass seine kritisierten Ansichten mit der Lehre der Kirche übereinstimmten. Eckhart starb 1327 oder 1328. Nach seinem Tod teilte der Papst mit, Eckhart habe alle seine Irrtümer widerrufen. Seine umstrittenste These war, es gehe um die Gottesgeburt in der Seele.

Meister Eckhart (1260–1327/28)
Ausschnitt aus dem Fresko „Die streitende und triumphierende Kirche" von Andrea Bonaiuto (1365) in der Kirche Santa Maria Novella, Florenz

MEISTER ECKHART: „Schweig' und schwätze nicht über Gott; denn damit, dass du von ihm schwätzest, lügst du und tust Sünde. Willst du also ohne Sünde und vollkommen sein, so schwätze nicht von Gott. Du sollst auch von Gott nichts verstehen, denn Gott ist über alles Verständnis."

▶ Jetzt fahren wir nach Weimar und treffen dort einen Gegenpol zu Meister Eckhart.

Friedrich Nietzsche

„Wir haben Gott getötet“

Hätte Nietzsche die Gedanken von Meister Eckhart gekannt, wäre er vielleicht Christ geblieben. Kannte er sie? Niemand weiß, ob er nicht doch in seinem tiefsten Herzen auf der Suche nach einem Erlöser war, nach Jesus Christus. Vielleicht kann man sagen, er habe – ohne es zu wissen – im Geiste mit Jesus Christus gerungen. Wir können und wollen das hier nicht beurteilen. Wichtig aber scheint, dass wir einen wesentlichen Text von ihm kennen. Christen können und sollten Nietzsche dann auch dem in die Hände legen, der in die Herzen aller schaut. Wehe, wenn wir ihn als Menschen verurteilen! Wir dürfen nur sein Denken beurteilen, nie seine Person.

Nietzsche lebte von 1844 bis 1900. Wir besuchen ihn in Weimar, wo er gestorben ist. Für mich ist er letztlich ein tragischer Mensch. Um es mit den Worten des heiligen Augustinus zu sagen: Er war unruhig, weil sein Herz keine Ruhe fand in Gott, auf den hin auch er geschaffen war.

In dem Buch „Die fröhliche Wissenschaft“ schreibt Nietzsche den berühmten Text:

> „Der tolle Mensch. – Habt ihr nicht von jenem tollen Menschen gehört, der am hellen Vormittage eine Laterne anzündete, auf den Markt lief und unaufhörlich schrie: ‚Ich suche Gott! Ich suche Gott!‘ – Da dort gerade viele von denen zusammenstanden, welche nicht an Gott glaubten, so erregte er ein großes Gelächter. Ist er denn verlorengegangen? sagte der eine. Hat er sich verlaufen wie ein Kind? sagte der andere. Oder hält er sich versteckt? Fürchtet er sich vor uns? Ist er zu Schiff gegangen? ausgewandert? – so schrien und lachten sie durcheinander.

Friedrich Nietzsche (1844–1900)
Porträt aus dem Jahr 1882

Der tolle Mensch sprang mitten unter sie und durchbohrte sie mit seinen Blicken. ‚Wohin ist Gott?‘ rief er, ‚ich will es euch sagen! Wir haben ihn getötet – ihr und ich! Wir alle sind seine Mörder! […] Irren wir nicht wie durch ein unendliches Nichts? Haucht uns nicht der leere Raum an? Ist es nicht kälter geworden? Kommt nicht immerfort die Nacht und mehr Nacht? Müssen nicht Laternen am Vormittage angezündet werden? Hören wir noch nichts von dem Lärm der Totengräber, welche Gott begraben? Riechen wir noch nichts von der göttlichen Verwesung? – auch Götter verwesen! Gott ist tot! Gott bleibt tot! Und wir haben ihn getötet! Wie trösten wir uns, die Mörder aller Mörder? Das Heiligste und Mächtigste, was die Welt bisher besaß, es ist unter unsern Messern verblutet – wer wischt dies Blut von uns ab? Mit welchem Wasser könnten wir uns reinigen?‘ […]
Hier schwieg der tolle Mensch und sah wieder seine Zuhörer an: auch sie schwiegen und blickten befremdet auf ihn. Endlich warf er seine Laterne auf den Boden, dass sie in Stücke sprang und erlosch. ‚Ich komme zu früh‘, sagte er dann, ‚ich bin noch nicht an der Zeit. Dies ungeheure Ereignis ist noch unterwegs und wandert – es ist noch nicht bis zu den Ohren der Menschen gedrungen. Blitz und Donner brauchen Zeit, das Licht der Gestirne braucht Zeit, Taten brauchen Zeit, auch nachdem sie getan sind, um gesehn und gehört zu werden. Diese Tat ist ihnen immer noch ferner als die fernsten Gestirne – und doch haben sie dieselbe getan!‘
Man erzählt noch, dass der tolle Mensch desselbigen Tages in verschiedene Kirchen eingedrungen sei und darin sein ‚Requiem aeternam deo‘ angestimmt habe. Hinausgeführt und zur Rede gesetzt, habe er immer nur dies entgegnet: ‚Was sind denn diese Kirchen noch, wenn sie nicht die Grüfte und Grabmäler Gottes sind?‘“[14]

▶ Nächste Station ist die Wartburg bei Eisenach.

Elisabeth von Thüringen

Landgräfin und Magd

Auf die Wartburg bei Eisenach kommen wir heute nicht wegen Martin Luther, der sich hier versteckte und die lateinische Bibel ins Deutsche übersetzte, sondern wegen einer Dame, die durch ihr Verhalten wesentlich zum Wachsen der europäischen Sozialkultur beigetragen hat, zu dem, was man heute Sozialarbeit nennt. Es war die Markgräfin Elisabeth von Thüringen. Schon als junge Mutter und dann erst recht als junge Witwe stieg sie unendlich oft von der Wartburg hinunter, um Bettlern zu helfen und vor allem Leprakranke mit der eigenen Hand zu pflegen.

Eben weil sie die Tochter des Königs von Ungarn war und dann Markgräfin von Thüringen wurde, war es ein Sozialsignal. Getrieben war sie von dem Wort Jesu: „Nur wenn du alles aufgibst und den Armen gibst, wirst du einen Schatz im Himmel haben." Dass eine Landgräfin sich unter Bettler mischte, sich in Lumpengewand kleidete, zu Fuß durch die Straßen lief, das ist das Besondere.

Elisabeth lebte etwa gleichzeitig mit Franz von Assisi. Beide waren Zeichen dafür, dass die Christenheit den sozialen Aspekt des Evangeliums neu entdecken musste und entdeckt hat. Es standen sich größter, meist adliger sowie großbürgerlicher Lebensstil und Bettelarmut gegenüber.

Unzählige Frauen schlossen sich damals – ähnlich wie Elisabeth – der Beginenbewegung an. Die Beginen lebten in Armut und ehelos, ohne in einen Orden einzutreten, und ernährten sich durch ihre karitative Tätigkeit. Es war die Zeit der großen Armutsbewegung, die in Italien und Südfrankreich ihren Ursprung hatte.

Elisabeth von Thüringen (1207–1231)
Druck von Israhel van Meckenem, 1475/1480

Freilich hat die Geschichte von Elisabeth auch noch Besonderheiten. Sie war als Tochter des Königs von Ungarn 1207 geboren worden und mit vier Jahren schon dem Landgrafen Ludwig von Thüringen in die Ehe versprochen. Das Paar liebte sich, und aus der Verbindung gingen drei Kinder hervor. Doch ihr Mann musste in den Türkenfeldzug, verstarb noch auf dem Weg dorthin 1227, als Elisabeth gerade 20 Jahre alt war.

Nun kam sie unter die „Obhut“ eines Mannes, den man als fragwürdig bezeichnen kann: Konrad von Marburg; er sollte sie geistlich begleiten. Sie aber wollte von Anfang an nichts anderes, als von ihrem großen geerbten Reichtum den unzähligen Bettelarmen abzugeben und ihnen zu helfen. Das brachte sie in Konflikt mit ihm, denn sie hatte ihm beim Abschied ihres Mannes absoluten Gehorsam geschworen. Elisabeth aber wollte nichts als helfen. Sie wollte als Bettlerin von Haus zu Haus ziehen. Daher verließ sie ihre Residenz, lebte in einer Scheune in Eisenach, kontrolliert von zwei Frauen, die der geistliche Aufsichtsbeamte Konrad bestellt hatte.

Auf ihren Wunsch hin wurde später in Marburg eine Unterkunft für Kranke und Arme gebaut. Sie selbst tat Dienst als Spitalschwester und kümmerte sich vor allem um die Leprakranken. Im Jahr 1231 starb Elisabeth mit nur 24 Jahren. Bereits vier Jahre nach ihrem Tod wurde sie heiliggesprochen.

Nicht erst Kanzler Bismarck hat für Sozialgesetzgebung gesorgt. Längst vorher war aufgrund des christlichen Glaubens vielen klar geworden, dass der christliche Glaube das soziale Zupacken fordert.

> *„Da sah Jesus den reichen Mann an, gewann ihn lieb und sagte: Eines fehlt dir noch: Geh, verkaufe, was du hast, gib es den Armen, und du wirst einen Schatz im Himmel haben; dann komm und folge mir nach!" (Mk 10,21)*

▶ Nun reisen wir in ein „Sonderland", ein katholisches Exotengebiet, wo drei Bundesländer zusammenstoßen: Thüringen, Hessen und Niedersachsen.

Das katholische Eichsfeld

Widerständler gegen Karl Marx

Bei den Eichsfelder Katholiken gab es den energischsten Widerstand gegen das kommunistische DDR-Regime. Es ist eine eigene Kulturlandschaft.

Um das Jahr 800 taucht erstmals der Name Eichsfeld auf. Wir treffen uns im Heilbad Heiligenstadt. Einig sind sich alle Kenner, dass es dort eine besondere katholische Kultur gibt. Mehr als 80 Prozent der Bevölkerung sind katholisch. Wir könnten hier die rund neun Wallfahrtsorte besuchen. Zu ihnen kommen bis heute jährlich viele Pilger. Es wäre auch möglich, rund 200 katholische Kirchen anzuschauen und dreizehn ehemalige Klöster zu besichtigen.

Die katholischen Eichsfelder zogen auch während der DDR-Zeit jedes Jahr in zahlreichen Prozessionen zu den Wallfahrtsorten. Die Jugendlichen weigerten sich mehrheitlich, an der obligatorischen Jugendweihe teilzunehmen. Einige der Wallfahrten begannen sogar erst zur Zeit der DDR als Antwort auf den Berliner Druck der Sozialistischen Einheitspartei Deutschlands (SED). In den Kirchen und unzähligen Kapellen entstand eine Gegenöffentlichkeit, in der zwar nicht gegen das Regime aufgerufen wurde. Aber dort war der einzige Ort, wo keine Staatsparolen verkündet wurden. Im Eichsfeld blieb der DDR-Sozialismus – wie man heute sagt – ein Märchen. Die katholische Kirche hatte mit dem Regime ein strategisches Arrangement getroffen. Die Bevölkerung leistete einfach passiven Widerstand.

Da das Eichsfeld nach dem Zweiten Weltkrieg vor allem ein Bauernland war und das Regime die Ansicht vertrat, wenn man industrialisiere, würde sich das Volk leichter anpassen, wurde mit brachialer Gewalt Industrie angesiedelt. Die SED schmiedete den „Eichsfeldplan" mit einem Volumen von 200 Millionen DDR-Mark. In dem Dorf Deuna wurde ein riesiges Zementwerk gebaut, in Leinefelde die größte Baumwollspinnerei der DDR. Auf diese Weise sollte die Arbeiterklasse gezüchtet werden. Der Erfolg hielt sich sehr in Grenzen.

Das Eichsfeld und seine Bevölkerung sind ein Zeichen dafür, dass Religion immer Einfluss auf Politik hat – und zwar gerade dann, wenn die Anhänger der Religion nicht Politik machen wollen. Religiöser Glaube hat immer auch politische Folgen, weil er die Welt verändert.

„Der Herr sprach zu Abram: [...] Das ganze Land, das du siehst, will ich dir und deinen Nachkommen für immer geben. Ich mache deine Nachkommen zahlreich wie den Staub auf der Erde. Nur wer den Staub auf der Erde zählen kann, wird auch deine Nachkommen zählen können." (Gen 13,14–16)

▶ Bevor wir uns wieder gen Westen orientieren, müssen wir eine Reise nach Prag machen, denn dort wartet ein genialer Denker auf uns.

Johannes Kepler
Schlauster Schwabe aller Zeiten

Sparsame Hausfrauen und schlaue Schwaben sind sprichwörtlich. Einer von Letzteren ist das Universalgenie Johannes Kepler. Beim Schauen in den schwäbischen Himmel entdeckte er die Gesetze, nach denen die Planeten sich um die Sonne bewegen. Sie heißen bis heute Kepler'sche Gesetze. Wikipedia nennt ihn einen Astronomen, Physiker, Mathematiker und Naturphilosophen, Begründer der modernen Naturwissenschaft.

Geboren wurde Kepler 1571 in Weil der Stadt, gestorben ist er 1630 in Regensburg. Doch sein Lebensweg führte ihn zunächst nach Graz, wo er Mathematik unterrichtete, dann nach Prag. Dort fungierte er als kaiserlicher Mathematiker, und Generalissimus Wallenstein ließ sich hier von ihm Horoskope machen.

Johannes Kepler (1571–1630)
Stich von Frederick Mackenzie (1787–1854)

Wie aber steht es mit seinem Verhältnis zum christlichen Glauben? Peter Gerdsen, Professor für Kulturwissenschaft und Kommunikationstechnik, gibt auf diese Frage in einem Vortrag eine weit ausholende Antwort. Seine Grundthese lautet: Für die moderne Wissenschaft habe das Christentum größte Bedeutung, ohne das Christentum wäre die moderne Wissenschaft nicht entstanden. Wörtlich sagte er: „Besonders für die mathematisch orientierte Naturwissenschaft, die die gesamte moderne Wissenschaft geprägt hat, ist das Christentum die eigentliche Inspirationsquelle [...] Die Besonderheit des Christentums als Nährboden für die moderne Wissenschaft zeigt sich im christlichen Menschenbild, im Verhältnis der Christen zur Welt, in der Wahrheits- und Erkenntnisorientierung, die das Christentum vermittelt, sowie in der Entwicklung vom seelischen zum geistlichen Menschen [...] Die Entwicklung begann mit Kepler, Kopernikus, Galilei und Newton, die die mathematisch orientierte Physik begründeten. [...] Schöpferische Intuitionen beruhen auf der Tatsache, dass Menschen nach dem Bilde Gottes, des großen Schöpfers, geschaffen sind. Die Kreativität – sei es in der Kunst, Wissenschaft oder Ingenieurwissenschaft – ist Teil des einzigartigen Menschseins des nach dem Bilde Gottes geschaffenen Menschen. Der Mensch, im Gegensatz zum Nicht-Menschen, ist schöpferisch."

So wage ich die These: Ohne die christliche Grundanschauung vom Menschen als Bild Gottes wäre Kepler wohl weniger weit ins Weltall vorgedrungen.

„Im Anfang erschuf Gott Himmel und Erde. [...] Gott sprach: Es werde Licht. Und es wurde Licht. Gott sah, dass das Licht gut war. Und Gott schied das Licht von der Finsternis. [...] Und Gott nannte das Gewölbe Himmel. [...] Dann sprach Gott: Lichter sollen am Himmelsgewölbe sein, um Tag und Nacht zu scheiden. Sie sollen als Zeichen für Festzeiten, für Tage und Jahre dienen. [...] Gott machte die beiden großen Lichter, das große zur Herrschaft über den Tag, das kleine zur Herrschaft über die Nacht, und die Sterne. Gott setzte sie an das Himmelsgewölbe, damit sie über die Erde leuchten, über Tag und Nacht herrschen und das Licht von der Finsternis scheiden. Gott sah, dass es gut war." (Gen 1,1–18)

▶ Zurück aus dem Kulturzentrum Prag geht's weit nach Westen, zunächst ins Münsterland. In Osnabrück wartet einer der cleversten Köpfe aus der Domstadt.

Ludwig Windthorst

Rivale von Fürst Bismarck

Der zähe Kämpfer gegen Reichskanzler Otto von Bismarck hat Kulturgeschichte gemacht. Er war der gewichtigste katholische Kopf gegen den starken Mann in Berlin. Der bekannte Historiker Golo Mann nannte Windthorst „den genialsten Parlamentarier, den Deutschland je gehabt hat". Der Historiker Lothar Gall ist der Ansicht, Windthorst sei der „wohl bedeutendste parlamentarische Führer des politischen Katholizismus im 19. Jahrhundert"[15]. Jonathan Steinberg schreibt in seiner Bismarck-Biographie: „Die Beharrlichkeit, Integrität und Courage, mit denen Windthorst gegen Bismarcks Autoritarismus und Rechtsverletzungen kämpfte, häufig entgegen den reaktionären Instinkten seiner eigenen Parlamentsfraktion, würden es verdienen, dass er in der heutigen Bundesrepublik Deutschland bekannter wäre und in höheren Ehren gehalten würde, als es der Fall ist."[16]

Was hat diesen nur wenigen bekannte katholische Politiker umgetrieben, und was hat er bewegt?

Der 1812 geborene Windthorst studierte Jura und wurde ein aufgeklärter, liberaler Jurist. Freilich hatte er Probleme, seinen katholischen Glauben mit den neuen geistigen Strömungen in Einklang zu bringen. Nach seiner Ausbildung wurde er Anwalt und Richter. In der Revolution 1848 fürchtete er einen Ausbruch proletarischer Massen und wurde Abgeordneter und sogar Präsident im Abgeordnetenhaus des Königreichs Hannover. Zweimal war er dort Justizminister. Bismarck erkannte schon damals, dass Windthorst das Gegenteil von ihm war. Er war katholisch-romfreundlich, liberal, demokratisch, föderalistisch und eben auch ein Freund Österreichs.

Ludwig Windthorst (1812–1891)
Foto aus dem Jahr 1885

Nach Windthorsts Entlassung vom hannoverschen König saß er für die neu gegründete Zentrumspartei im Reichstag des Norddeutschen Bundes und im preußischen Abgeordnetenhaus. Als schließlich das Deutsche Reich gegründet war, wurde Windthorst von 1871 bis 1891 achtmal von seinem Wahlkreis in den Reichstag gewählt. Seine Sache war der Kulturkampf. Bismarck erkannte in dem Mann aus Hannover seinen gefährlichsten Gegner, denn dieser vertrat die Positionen der katholischen Kirche.

Konkret kämpfte Windthorst für die religiöse Grundlage des Schulwesens, für die Gleichberechtigung der Minderheiten, der Juden, der Polen. Er opponierte gegen das Sozialistengesetz aus Berlin. Olaf Blaschke nennt die Rede Windthorsts im Abgeordnetenhaus ein „Glanzlicht der katholischen Abwehr gegen den Antisemitismus". Windthorst hatte gesagt: „Keine Judenhetze, aber auch keine Christenhetze, vor allem auch nicht eine Katholikenhetze".

Die Ziele von Windthorsts Partei, dem „Zentrum", waren: Unabhängigkeit kirchlicher Institutionen, Selbständigkeit der Kirchen, Konfessionsschulen und kirchliche Schulaufsicht, Gründung eines deutschen föderalen Staates, religiöse Unabhängigkeit der Bundesstaaten, staatliche Sozialpolitik, keine Erhöhung des Wehretats, gerechte Verteilung der Steuerlast, Beseitigung sozialer Missstände.

Bei der ersten Wahl zum Deutschen Reichstag 1871 war das Zentrum die zweistärkste Partei nach den Nationalliberalen. Sie war Opposition zu Bismarck. „Kulturkampf" war der grundlegende Konflikt von 1871 bis 1878 zwischen dem deutschen Kaiserreich unter Bismarck und der katholischen Kirche unter Pius IX. Weitere Vorkämpfer des Zentrums waren Georg und Hermann von Mallinckrodt, Alfred Hüffer, Wilderich von Ketteler, Friedrich Wilhelm Weber.

Die heutige politische Gleichberechtigung der Konfessionen und Religionen geht zu einem guten Teil auf den Kampf von Ludwig Windthorst und des Zentrums gegen Kanzler Bismarck zurück.

„Gebt dem Kaiser, was dem Kaiser gehört, und Gott, was Gott gehört!" (Mt 22,21)

▶ Rund fünfzig Kilometer südlich von Paderborn besuchen wir eine adelige Dame, die Kultur- und Sozialgeschichte schrieb.

Pauline von Mallinckrodt

Preußische Sozialreformerin

Die Dame schrieb nicht Bücher, malte keine Bilder, kreierte keine Skulpturen, sondern schuf zunächst eine Kette von Einrichtungen, die sich um blinde Menschen annahmen. Man könnte auch von preußischer Sozialgeschichte sprechen. Die Familie von Mallinckrodt in Westfalen brachte im Lauf der Jahrhunderte nicht nur Paderborner Domherren hervor, sondern auch etliche Zentrumspolitiker, Universitätsprofessoren, Schriftsteller. Man legte Wert auf katholische Bildung.

Pauline wurde 1817 in Minden geboren, lehnte den von ihren Eltern vorgesehenen Bräutigam ab. Das lag nicht nur daran, dass er evangelisch war, denn Pauline kämpfte schon zu dieser Zeit im katholischen „Jungfrauenbund" um die päpstliche Anerkennung der konfessionsverschiedenen Ehe. Eine Weile rang sie zwischen dem Eintritt in ein Kloster und sozialem Engagement. Schließlich gründete sie mit rund 30 Jahren selbst eine religiöse Gemeinschaft, die beides unter einen Hut brachte: die „Schwestern der christlichen Liebe". Aber es ging ihr nicht nur um arme, vor allem blinde Kinder, sondern auch um Bildung von Mädchen. Bald gab es unter ihrem Kommando auch rund zehn Waisenhäuser.

Dann begann ihr Kampf gegen das preußische Regime. Es war Kulturkampf. Katholiken sollten nach Bismarcks Wunsch im Staat nichts zu sagen haben. Pauline wollte dem Herrn in Berlin zeigen, dass es außer Preußen noch andere kultivierte Länder gibt, und reiste in die USA, nach Chile, Belgien, Österreich und Liechtenstein, wo sie ähnliche Einrichtungen gründen ließ.

Als Pauline 60 Jahre alt war, musste sie sogar das Zentrum der neuen Gemeinschaft in Paderborn schließen und verlegte es nach

Pauline von Mallinckrodt
(1817–1881)

Belgien. Drei Jahre später hatte sie ihr Lebenswerk vollbracht und starb. Papst Johannes Paul II. entschied 1985: Sie gehört unter die Seligen. Nur weniger Gebildete meinen, Katholiken seien in der Regel konservativ. Pauline machte preußische Sozialgeschichte.

„Eine tüchtige Frau, wer findet sie? Sie übertrifft alle Perlen an Wert. Das Herz ihres Mannes vertraut auf sie, und es fehlt ihm nicht an Gewinn." (Spr 31,10 f.)

▶ In der Nähe des westfälischen Bielefeld begegnen wir einem Mann, der auf andere Weise in die Sozialgeschichte eingriff.

Friedrich von Bodelschwingh

Der Helfer der „Geringsten“

Es war die Zeit der Industrialisierung, in der Millionen von Arbeitssuchenden vor allem im Norden und Osten Deutschlands vom Land in die Städte zogen. Viele lebten auf der Straße und von der Hand in den Mund. Darunter waren auch viele körperlich und seelisch Behinderte, Menschen, die auf der Strecke blieben. Friedrich von Bodelschwingh, geboren 1831 und gestorben 1910, ein Anhänger der Inneren Mission, wurde zum Gründer der verschiedenen Sozialeinrichtungen in und um Bethel bei Bielefeld. Zu Beginn seines Lebens wurde er in Ostpreußen als Landwirt mit dem Elend der Landlosen konfrontiert. Er entschloss sich, den Armen zu helfen und daher in die äußere Mission zu gehen. Dazu studierte er Theologie. Anschließend schickte man ihn nach Paris in die deutsche evangelische Gemeinde. Viele Gemeindemitglieder waren bettelarm und arbeiteten als Straßenkehrer.

Schließlich fand er 1872 seine Lebensaufgabe in Bethel bei Bielefeld. Im Lauf der Jahrzehnte entstanden dort Kinderhospize, Einrichtungen für Epilepsiekranke, Behinderte, Senioren, hilfsbedürftige Jugendliche, Wohnungslose.

Es ging Bodelschwingh aber auch um Politik: Nicht nur Almosen, sondern Arbeit sollten Arme bekommen. Dafür kämpfte er dann auch als Abgeordneter im preußischen Landtag. Schließlich gründete er die ersten Bausparkassen, erste preiswerte Ferienhäuser an der Ostsee, er organisierte Altkleider-, Ansichtskarten- und Briefmarkensammlungen.

Friedrich von Bodelschwingh
(1831–1910)
Foto aus dem Jahr 1870

Wache Christen gestalten ihr Leben nicht in Unterwürfigkeit, sondern mit der Phantasie des Heiligen Geistes. Die Bodelschwingh'schen Werke sind – laut Wikipedia – das „größte Sozialunternehmen Europas".

„Da hörte ich eine laute Stimme vom Thron her rufen: Seht, die Wohnung Gottes unter den Menschen! Er wird in ihrer Mitte wohnen, und sie werden sein Volk sein; und er, Gott, wird bei ihnen sein. Er wird alle Tränen von ihren Augen abwischen: Der Tod wird nicht mehr sein, keine Trauer, keine Klage, keine Mühsal. Denn was früher war, ist vergangen." (Offb 21,3 f.)

▶ Und nun sind wir im Zentrum des katholischen Westfalen, in Münster.

Clemens August von Galen

Der „Löwe von Münster“

Deutschlandweit berühmt wurde er, weil er öffentlich und scharf gegen die Vernichtung „lebensunwerten Lebens“ durch die Nationalsozialisten protestierte. Und nur weil die Bevölkerung ganz hinter ihm stand, wurde er von den Nazis nicht abtransportiert. Seelsorglicher Eifer lohnt sich auch in diesem Sinne. Geboren wurde er 1878, im Jahr 1933 wurde er Bischof. Er starb 1946 und wurde 2005 seliggesprochen. Die Seelsorge begann er aber in Berlin an der Clemenskirche. Galen war eher konservativ, das lustige Berliner Leben der 1920er Jahre schätzte er nicht. Er vertrat auch die Dolchstoßlegende, nach der Deutschland im Ersten Weltkrieg nicht wirklich besiegt, sondern von hinten erstochen worden sei. Die moderne Mode stehe unter heidnischer Leitung, meinte er auch einmal. Er kämpfte gegen die Säkularisierung.

Als Hitler 1933 an die Macht kam, wurde Galen zum Bischof von Münster berufen. Mehrfach protestierte er gegen Nazivorschriften, so etwa das Gebot der Nazis, „im Religionsunterricht die demoralisierende Macht des Volkes Israel bei den Gastvölkern“ aufzuzeigen. Zu Ostern 1934 griff er zentrale Aussagen der Nazi-Ideologie an. Er meinte, es sei Neuheidentum, wenn Sittlichkeit nur gelte, soweit sie der Rasse nütze. Es sei Neuheidentum, wenn das Alte Testament abgelehnt und eine Nationalkirche gebildet werde, die auf Blut und Rasse beruhe. Galen kritisierte öffentlich den „Mythos des 20. Jahrhunderts“ von Alfred Rosenberg. Diese Thesen seien Götzendienst, Abgötterei, Rückfall ins Heidentum. Ab 1935 verurteilte er die „leise Diplomatie“ der meisten deutschen Bischöfe. Die Enzyklika Papst Pius’ XI. „Mit brennender Sorge“ ließ er in der Diözese Münster verteilen. 1936 sprach er in Xanten erstmals über das Verhältnis von Gehorsam und Gewissen und hob die Aktualität des Martyriums hervor. Die staatliche Obrigkeit sei zwar von Gott eingesetzt, wie Paulus sagte, die Obrigkeit habe aber nur als Gottes Dienerin Würde und Recht. Darin liege ihre Grenze. Der Mensch habe die Freiheit gegen den Missbrauch der Macht durch die Oberen. Ohne Gerechtigkeit werde die menschliche Gesellschaft zu einer „Räuberbande“ – wie schon der heilige Augustinus gesagt hatte. Freilich rechtfertigte Galen dann auch den Krieg Hitlers gegen die „Pest des Bolschewismus“.

Clemens August von Galen
(1878–1946)
Foto von Domkapitular Gustav
Albers)

Die für die Nazis nicht mehr zu ertragende Attacke Galens gegen das Hitlerregime war seine Predigt gegen die Euthanasie, die heimliche Ermordung von behinderten und kranken Menschen. Das sei Mord und müsse strafrechtlich angezeigt werden. Das Regime erkannte dabei, dass die Ermordung Unschuldiger nicht mehr zu verheimlichen sei, die Bevölkerung aber dagegen war.

Die Regierung musste nach zwei Wochen die Euthanasiemaßnahmen „bis auf weiteres“ einstellen. In Berlin begann die Diskussion: Was tun mit Galen? Aufhängen? Das meinten Martin Bormann und Rudolf Hess. Joseph Goebbels warnte: Keinen katholischen Märtyrer während des Krieges! Man könne ihn noch nach dem Endsieg beseitigen. Jetzt gäbe es Unruhen in Münster.

Freilich waren schon Abschriften seiner Predigten verteilt worden. Eine davon gelangte sogar in die Hände des jungen Polen Karol Woityła. Seither wusste der zukünftige Papst, dass es auch ein „anderes Deutschland“ gab.

Direkt nach dem Krieg verwarf Galen am 1. Juli 1945 das Wort von der „Kollektivschuld" und dankte den deutschen Soldaten, die ihre Pflicht getan hatten. Am 18. Februar 1946 wurde Galen in Rom ins Kardinalskollegium aufgenommen. 2005 wurde er von Papst Benedikt XVI. seliggesprochen.

> Clemens August von Galen: „Hast du, habe ich nur so lange das Recht zu leben, solange wir produktiv sind? Wenn man den Grundsatz aufstellt und anwendet, dass man den ‚unproduktiven' Mitmenschen töten darf, dann wehe uns allen, wenn wir alt und altersschwach sind."[17]

▶ Nicht weniger katholisch als Münster ist Paderborn. Auch hier gibt es Vordenker.

Athanasius Kircher

Erforscher des Wissensuniversums

In Paderborn ist das westfälische Genie 1618 in den Jesuitenorden eingetreten. Laut Wikipedia schrieb er über Astronomie, Ägyptologie, Geologie, Geschichte, Medizin, Mathematik, Musiktheorie und Philosophie. Es ist nicht leicht, ihn auf einen Nenner zu bringen.

In jungen Jahren hatte er in Speyer in einer Hieroglyphensammlung die Wurzeln der koptischen Sprache entdeckt. Als er dann in Rom Professor wurde, war er dabei, wie Obelisken aufgerichtet wurden, und versuchte die ägyptischen Inschriften auf ihnen zu übersetzen und zu verstehen. Dort schrieb er auch eine Enzyklopädie über das Kaiserreich China. Da südlich von Rom die Erde immer wieder bebte, fragte er nach den Ursachen. Daher ließ er sich auf einer Italienreise in den Krater des Vesuvs hinab. Und als in Neapel die Pest ausgebrochen war, ging er den Gründen dieser Epidemie nach und meinte, ihre Ursachen verstanden zu haben. Weil er sich auch für Musik interessierte, fragte er nach dem Zusammenhang zwischen den musikalischen Tönen und den Affekten des Menschen. Musikalische Harmonie spiegle die Proportionen des Universums wider, war seine Meinung. Aber er fragte

Athanasius Kircher (1602–1680)

sich auch, wie Schall übertragen werde und wie man ferne Töne hören könne. Es blieb bei Kircher aber nicht in der Theorie, sondern er ging auch zur Praxis über. Er baute eine Laterna magica, um Bilder zu projizieren, er baute eine Art „Pipeline", eine Windharfe, eine Statue, die in gewissem Sinne hören und sprechen konnte, und ein Perpetuum mobile.

Man könnte und müsste noch viele Dinge über Athanasius Kircher schreiben. Entscheidend ist in unserem Zusammenhang, dass im Hintergrund seines wissenschaftlichen Suchens und Denkens der Glaube an einen Gott stand. Religiöser Glaube machte ihn nicht blind und untertan, sondern frei und sehend. Athanasius Kircher starb 1680 in der Ewigen Stadt im Collegium Romanum.

> *„Alle Weisheit kommt vom Herrn, und bei ihm ist sie in Ewigkeit. Den Sand der Meere, die Tropfen des Regens und die Tage der Ewigkeit – wer wird sie zählen? Die Höhe des Himmels und die Breite der Erde, den Abgrund und die Weisheit – wer wird sie erforschen? Früher als alles wurde die Weisheit erschaffen und von Ewigkeit her die verständige Einsicht." (Sir 1,1–4)*

▶ Von Paderborn richten wir unseren Blick in Richtung Dortmund und kommen auf dem Weg in ein kleines Städtchen.

Wallfahrtsort Werl

„Kraft-Ort“

„Ich bin dann mal weg“ – so der Titel des Bestsellers von Hape Kerkeling, der die Wallfahrt nach Santiago de Compostela in der Moderne bekannt machte. Es gibt aber nicht nur den berühmten Weg nach Santiago, sondern viele Wallfahrtswege. Einer von ihnen führt nach Werl in Westfalen. Der Ort liegt auf halbem Weg zwischen Dortmund und Paderborn.

Diese Wallfahrt hat vor rund 350 Jahren begonnen, und sie scheint immer noch aktuell und lebendig. Der ehemalige Präsident des Deutschen Bundestages, Norbert Lammert, schreibt dazu: „Seither ist die Wallfahrtsbasilika ein Kraft-Ort, der Pilger aus nah und fern anzieht. Maria als diejenige, die auf Gott vertraut, ist für viele Menschen stets Quelle für Trost und Hoffnung, und gerade das Gemeinschaftserlebnis Marienwallfahrt ist geeignet, neue Stärke im Glauben zu gewinnen.“

Gerade weil Mitteleuropa heute weitgehend säkularisiert ist, kann man sich wundern, dass jährlich rund 100 000 Menschen zu einer Wallfahrt nach Werl kommen. Sie machen sich auf den Weg vor allem aus dem Sauer- und dem Münsterland, aus dem Ruhrgebiet und dem Bergischen Land. Jährlich reisen rund 100 Gruppen aus Pfarrgemeinden an. Die Wallfahrer kommen dort zur Statue der Gottesmutter „Trösterin der Betrübten“ in einer riesigen Basilika. Das Hauptpatronatsfest ist der 2. Juli, das Fest Mariä Heimsuchung, also der Besuch der Gottesmutter Maria bei ihrer Cousine Elisabeth. Viele, die zu Fuß kommen, verstehen es als „Beten mit den Füßen“. Und: In Werl beichten viele Pilger und gehen befreit und froh wieder nach Hause.

„Alle Wege, zu denen der Mensch aufbricht, zeigen ihm an, dass sein ganzes Leben ein Weg ist – ein Pilgerweg zu Gott." (Augustinus)

▶ Jetzt machen wir eine weite Fahrt von Dortmund gen Westen über den Rhein. Der Fluss als Grenze hat wiederholt Anlass gegeben zu entsetzlichen Kriegen. In Utrecht lernen wir einen wahrhaft germanischen Papst kennen.

Hadrian VI.

Papst unter den Rädern der Politik

Der im Jahr 1459 in Utrecht geborene Hadrian ist für den heutigen Menschen fast ein Deutscher. Er wollte – ähnlich wie Papst Franziskus – die katholische Kirche und den Vatikan grundlegend reformieren. Freilich gelang ihm das fast gar nicht, weil er nach seiner Wahl im Jahr 1522 nach nur eineinhalb Jahren starb. Manche meinen, er sei meuchlings ermordet worden, was andere Historiker aber leugnen.

Papst Hadrian geriet unter viele Räder: zwischen die österreichischen Habsburger und die französischen Bourbonen, die im Westen Europas um ihre Vormachtstellung rangen, zwischen die Reformierer aus Wittenberg und die zu Rom haltenden Papsttreuen, zwischen die Türken und die Christen im Osten des Reiches.

Bei seiner Wahl auf den Stuhl Petri war Hadrian nur ein Kompromisskandidat gewesen, weil sich der Habsburgerkaiser Karl V. für einen Italiener starkmachte, während der französische König den Engländer Wolsey durchsetzen wollte. Es ging um die Macht in Europa. Schließlich einigten sich die Kardinäle auf den hochgebildeten Hadrian aus Utrecht, der zunächst Professor und großer Prediger in Leuven gewesen war, dann in Spanien den Kaiserenkel Karl V. erziehen sollte. Er hatte also bereits eine anspruchsvolle Karriere am habsburgischen Hof hinter sich. Und ihm ging es um das Evangelium. Er wollte die Machtkämpfe und die Vetternwirtschaft überwinden. So steht auf seinem Grabmal in der deutschsprachigen Anima-Kirche in Rom: „Ach wieviel hängt doch davon ab, in welche Zeit auch des besten Mannes Wirken fällt." Auf den Pasquino in Rom, das „Steinmännchen", an das die Römer freche Spottverse hängten, um sich über die mächtigen Kardinäle lustig zu machen, schrieben freche

Papst Hadrian VI.
(1459–1523)
Gemälde von Jan van Scorel,
1523

Römer diesen Spruch: „O du Verräter des Blutes Christi, räuberisches Kollegium, das du den schönen Vatikan der deutschen Wut ausgeliefert hast: Wieso bricht dir nicht vor Schmerz das Herz?" Das römische Volk sah also in der Wahl eines Germanen nordische Wut über Italien hereinbrechen.

Wenn ein Papst – wie der gebildete „Germane" Hadrian, zu dessen Füßen schon Erasmus von Rotterdam gesessen hatte – in den Betrieb der oft sündigen Apostelnachfolger eingreifen will, dann kann das lebensgefährlich werden!

Jesus zu Petrus: „Wenn du dich wieder bekehrt hast, dann stärke deine Brüder." (Lk 22,32)

▶ In Belgisch-Flandern begegnen wir einem christlichen Exoten, der die Bibel wörtlich nahm.

Damian de Veuster

Apostel der Leprakranken

Im Jahr 2005 erklärte die Mehrheit der Belgier, der größte Belgier aller Zeiten sei Damian de Veuster. Der Mann war Missionar und Schutzpatron der Leprakranken. De Veuster ist modern, denn auch die Aids-Selbsthilfe-Organisationen haben ihn zu ihrem herausragenden Vertreter erkoren. Mehrere Damian-Zentren widmen sich den Menschen, die HIV-positiv sind.

Damian de Veuster wurde 1840 im belgischen Ninde geboren, trat nach Arbeit auf dem Bauernhof und dem Besuch einer Handelsschule mit 20 Jahren in die „Gemeinschaft der Herzen Jesu und Mariä" ein und wurde drei Jahre später in die Mission auf die Sandwich-Inseln geschickt. 1873 wünschte er in das Gebiet Kalawao zu gehen, wo rund 600 Leprakranke ohne jede medizinische Betreuung

Damian de Veuster (1840–1889)

lebten. Bald nannte man ihn den „Apostel der Leprakranken". Nach rund zehn Jahren unter den Kranken infizierte er sich selbst und starb 1889. Im Jahr 2009 wurde er heiliggesprochen.

DAMIAN DE VEUSTER: „Wenn man Gott dient, ist man immer glücklich."

„Alle Leute versuchten, Jesus zu berühren; denn es ging eine Kraft von ihm aus, die alle heilte." (Lk 6,19)

▶ Vor den Toren von Brüssel wunderte und ärgerte sich ein junger Kaplan.

Joseph Cardijn

Gründer der Christlichen Arbeiterjugend

Das Elend der Industriearbeiter und ihre Ausbeutung um das Jahr 1910 in Wallonien und Flandern waren unerträgliche Provokationen für den jungen Priester. Ihn brachte es auf die Palme, dass die Kirche sich offenbar nur um das wohlhabende Bürgertum kümmerte und die jungen Arbeiter links liegen ließ. Für sie waren die „Pfaffen" selbst Ausbeuter. Schnell hatte er erkannt: Die jungen Leute müssen ihr Schicksal selbst in die Hand nehmen. Dazu sind sie fähig, wenn sie an ihre Würde und Stärke erinnert werden. Kaplan Cardijn nahm das in die Hand. Er hatte neben Theologie auch Politik und Sozialwissenschaften studiert und besuchte die Metallfabriken und Webereien in Wallonien und Flandern, aber auch Werkstätten in Liverpool und Birmingham. In Deutschland interessierten ihn vor allem die ausgebeuteten Heimarbeiterinnen.

Joseph Cardijn (1882–1967)

Bei einer Deutschlandreise 1907 machte er sich mit der Arbeit der katholischen Arbeitervereine und der christlichen Gewerkschaften vertraut. In mühsamem Trommeln gründete er Gruppen, in denen die jungen Menschen sich ihrer Aufgabe bewusst wurden. Die Arbeiterklasse sollte eine friedliche Revolution sein und eine gesellschaftliche Elite werden. Kein Wunder also, dass Cardijn skeptisch gesehen wurde. Und so gründete er die Christliche Arbeiterjugend (CAJ). Papst Paul VI. lud ihn auf dem Zweiten Vatikanischen Konzil ein, die Diskussion über die apostolische Instruktion „Gaudium et spes" zu leiten. Am Ende seines Lebens gab es in seinen CAJ-Gruppen vier Millionen Mitglieder in 88 Ländern. Ihr Vorgehen folgte dem Motto „Sehen – Urteilen – Handeln". Mit 83 Jahren wurde er zum Kardinal ernannt. Gestorben ist er 1967.

„Der Arbeiter ist seines Lohnes wert." (Lk 10,7)

▶ Nun bleiben wir in Belgien und haben eine Audienz bei Seiner Majestät.

König Baudouin

Herrscher in Gewissenskonflikt

König Baudouin und seine Frau Fabiola waren in allen Teilen des vielsprachigen Belgien außerordentlich beliebt. Diese Beliebtheit bildete aber für die demokratische Regierung ein kleines Hindernis. Denn im Jahr 1990 hatte das belgische Parlament mehrheitlich beschlossen, Abtreibung zu liberalisieren. Der König musste den Parlamentsbeschluss unterzeichnen. Baudouin aber konnte das nicht mit seinem Gewissen vereinbaren. Was tun? Gottlob gibt es in der Verfassung des Königreichs einen Paragrafen, in dem es heißt, dass das Parlament den König für regierungsunfähig erklären kann. Für diesen Fall kann die Regierung die Funktion des Staatsoberhauptes übernehmen. So erklärte das Parlament den König auf dessen eigenen Wunsch am 4. April 1990 für regierungsunfähig. Die regierende Mehrheit unterzeichnete das Gesetz. Und am nächsten Tag erklärte das Parlament, der König sei wieder regierungsfähig.

Baudouin war 1930 geboren worden und wurde schon mit 21 Jahren König der Belgier. Mit 30 Jahren heiratete er die Spanierin Fabiola, die vorher Kinderkrankenschwester und Buchautorin gewesen war. Die Ehe blieb kinderlos. Anlässlich seines 25-jährigen Thronjubiläums 1976 wurde die König-Baudouin-Stiftung ins Leben gerufen, die sich die Verbesserung der Lebensbedingungen der belgischen Bevölkerung zum Ziel gesetzt hat.

Baudouin war 42 Jahre lang im Amt bis zu seinem Tod im Jahr 1993. Nach seinem Sterben wurde er von der Bevölkerung der verschiedenen Sprachregionen als „einziger Belgier“ bezeichnet und sehr betrauert.

König Baudouin (1930–1993)
Foto aus dem Jahr 1951

„Da sagte Pilatus zu Jesus: Also bist du doch ein König? Jesus antwortete: Du sagst es, ich bin ein König. Ich bin dazu geboren und dazu in die Welt gekommen, dass ich für die Wahrheit Zeugnis ablege. Jeder, der aus der Wahrheit ist, hört auf meine Stimme." (Joh 18,37)

▶ Wir kommen zurück nach Deutschland und stoßen am Niederrhein auf einen Wallfahrtsort, wo sich mehrere Bevölkerungen katholischen Glaubens treffen.

Wallfahrtsort Kevelaer

Treffpunkt katholischer Tamilen

Man möchte es kaum glauben: Die größte Wallfahrergruppe, die regelmäßig nach Kevelaer kommt, ist die der katholischen Tamilen aus Indien und Sri Lanka. Sie leben in Deutschland, Belgien, den Niederlanden und Luxemburg und haben dort Arbeit gefunden. Jährlich treffen sich rund 10 000 tamilische Katholiken bei der Kapelle am Niederrhein, um miteinander zu beten und ihren Glauben zu feiern. Im Südosten Indiens und im Osten von Sri Lanka – früher Ceylon – leben rund 75 Millionen Tamilen. Sie sind ein eigenes Volk mit ihrer eigenen Kultur. Bewegend ist, dass sehr viele Tamilen katholisch sind.

Wie aber kam es zu dem Wallfahrtsort Kevelaer? Im Jahr 1641 war der kleine Kaufmann Hendrick Busman um Weihnachten zu Fuß unterwegs, weil er seine Waren einkaufen und verkaufen musste. Er kam an einem Wegkreuz vorbei und hörte zu seiner eigenen Überraschung eine Stimme, er solle hier eine Kapelle bauen. Er wollte es nicht hören. Aber nach einer Woche hörte er an derselben Stelle die gleiche Bitte. Nach einigen Zweifeln und Schwierigkeiten baute er mit seiner Frau einen Bildstock. Sieben Jahre später stand über dem Bildstock eine Wallfahrtskapelle. Es war ein winziger gläubiger Anfang.

Jetzt, 350 Jahre später, kommen jährlich alleine oder in Gruppen rund 800 000 Gläubige, um hier zu beten. Sie sind vom Niederrhein, von der Eifel, aus dem Münsterland, dem Ruhrgebiet, aus den Niederlanden, Belgien und Luxemburg. Es gibt auch Fußpilgergruppen. Die größte von ihnen zählt 800 bis 1000 Pilger. Die meisten Pilger kommen zu den Marienfesten: Mariä Himmelfahrt, Mariä Geburt, Mariä Namen.

Auch wenn die Volksfrömmigkeit in vielen Regionen gering geworden ist, ganz vorbei ist sie nicht. Der Glaube an den Mann aus Nazareth und seine Mutter trägt immer noch viele Menschen in Europa.

> *„Denn herabgeschaut hat der Herr aus heiliger Höhe, vom Himmel hat er auf die Erde geblickt, um das Seufzen der Gefangenen zu hören, zu befreien, die dem Tod geweiht sind, damit sie den Namen des Herrn auf dem Zion verkünden und sein Lob in Jerusalem, wenn sich dort Völker versammeln, Königreiche, um den Herrn zu verehren."*
> *(Ps 102,20–23)*

▶ Von Wallfahrt und Gebet wechseln wir jetzt zur Sozialarbeit nach Dortmund.

Hedwig Dransfeld

Katholische Vorreiterin

Vermutlich war sie die erste Frauenrechtlerin in Deutschland: die ziemlich unbekannte Katholikin Hedwig Dransfeld, die wir in der Industriestadt treffen, wo sie 1871 geboren wurde. Die sozialdemokratische Berliner Zeitung „Vorwärts" nannte sie schon vor Beginn des Ersten Weltkriegs die „bedeutendste Frau der Gegenwart". Auf dem ersten deutschen Frauenkongress im Jahr 1912 im Berliner Reichstag fand ihre Rede „Die Frau im kirchlichen und religiösen Leben" allergrößte Beachtung. Sie kämpfte mit anderen für das Wahlrecht der Frauen. Dabei war ihr Start ins Leben durchaus schwierig.

Beide Eltern von Hedwig Dransfeld starben, als sie noch ein Kind war. Sie kam zunächst zur Großmutter, dann in ein Waisenhaus. Bereits mit 16 Jahren begann sie die Ausbildung zur Lehrerin. Doch in dieser Zeit erkrankte sie an Knochentuberkulose, verlor ihren linken Arm und eine Ferse. Aber schon mit 19 Jahren bestand sie das Lehrerinnenexamen mit Auszeichnung. Im Fernstudium erlangte sie das Diplom für Schulleiterinnen und wurde Chefin einer Mädchenschule. 1912 wurde sie zur hauptamtlichen Vorsitzenden des

Hedwig Dransfeld (1871–1925)

Katholischen Deutschen Frauenbundes gewählt, der sich durch sie sehr politisch entwickelte.

Im Ersten Weltkrieg engagierte sich Hedwig Dransfeld für den Frieden zwischen Völkern. Ab 1916 wollte sie in Marburg an der Lahn eine „Frauenfriedenskirche" bauen lassen, die aber erst nach ihrem Tod in Frankfurt am Main errichtet wurde.

Nach dem Ende der Monarchie wurde Hedwig Dransfeld von der Zentrumspartei in die Weimarer Nationalversammlung und in die Preußische Landesversammlung gewählt. 1920 kam sie in den Reichstag. Ihre Themen dort waren Familien- und Eherecht, Schule und Jugendschutz. Auch die Sozialgesetzgebung bekam von ihr viel Hilfe. Zwei Jahre lang war Dransfeld im Vorstand der rheinischen Zentrumspartei und von 1922 bis zu ihrem Tod im Jahr 1925 Vorsitzende des Reichsfrauenbeirats des „Zentrums". Heute erinnern in vielen Städten Straßen an ihren Namen.

Ihre Kraft bezog Hedwig Dransfeld aus ihrer sozialen Zuwendung zu den Ärmsten der Armen, aus ihrem politischen und sozialen Denken und aus dem Gebet.

„Eine tüchtige Frau, wer findet sie? Sie übertrifft alle Perlen an Wert." (Spr 31,10)

▶ Unweit von Dortmund ist Neheim, die Heimat eines unbekannten Helden.

Franz Stock

„Seelsorger der Hölle“

Mit nur 37 Jahren musste Abbé Franz Stock Hunderte deutscher Soldaten, die in Paris von den Nazis zum Tode verurteilt worden waren, auf ihre Hinrichtung vorbereiten und dazu begleiten. Weite Teile Frankreichs waren ab 1940 von deutschen Truppen besetzt, und zwischen 1941 und 1944 saßen rund 11 000 französische Widerstandskämpfer in deutschen Wehrmachtsgefängnissen. Vielen dieser Gefangenen konnte Abbé Stock dadurch das Leben retten, dass er ihre Todesurteile in lebenslängliche Haft umwandeln ließ. Nach seinen Angaben musste er aber an fast 900 Erschießungen teilnehmen. Andere Zeugen meinten, es seien wesentlich mehr gewesen.

Abbé Stock war 1904 in Neheim geboren worden. Hintergrund für seine schwere Tätigkeit war, dass Stock schon mit 30 Jahren als Seelsorger für die deutsche katholische Pfarrgemeinde in Paris eingesetzt worden war. Er musste nicht nur die französische Sprache beherrschen, sondern brauchte auch das Vertrauen des Kölner Erzbischofs und vor allem des Kardinals von Paris. Dieser kannte Stock von gemeinsamen Studien. Schwer wurde die Gemeindearbeit in Paris, als unzählige politische Flüchtlinge aus Deutschland, Österreich und der Tschechoslowakei nach Frankreich kamen. Stock musste sich sozial sehr engagieren. Als im Jahr 1939 der Zweite Weltkrieg ausbrach, wurde Stock von der französischen Regierung des Landes verwiesen. Doch als die deutschen Truppen 1940 die Hauptstadt erobert hatten, wurde Stock wieder nach Paris gerufen, und dann begann seine Sorge für die Widerstandskämpfer in Wehrmachtsgefängnissen. Viele Zeitzeugen berichteten später von dem ungeheuren persönlichen Einsatz des Seelsorgers, der sich nicht

Franz Stock (1904–1948)

schonte. Die Gefangenen wurden bewusst nicht über die Situation ihrer Familien informiert. Stock versuchte diese Sperre zu umgehen und Informationen heimlich auszutauschen. Die Franzosen nannten Stock „Aumonier de l'enfer" – „Seelsorger der Hölle". Viele französische Widerstandskämpfer erwiesen Stock nach dem Krieg die Ehre.

Als französische Truppen Paris rückerobert hatten, blieb Stock in Paris und betreute rund 600 verwundete Soldaten, die nicht transportfähig waren. Ein französischer Hauptmann wollte aus Rache wegen der Grausamkeit der SS und der Gestapo einige deutsche Soldaten erschießen. Als er aber Stock bei den Kranken sah, ließ er seinen Plan fallen.

Nachdem US-Soldaten das Lazarett übernommen hatten, kam Stock zunächst in amerikanische Kriegsgefangenschaft. Als er frei, aber gesundheitlich sehr angeschlagen war und nach Deutschland hätte zurückkehren können, wurde er gebeten, die Leitung des „Stacheldraht-Priesterseminars" zu übernehmen. In ihm haben rund 1000 deutsche gefangene Priester und Seminaristen Theologie studiert. Diese Initiative ging auf den damaligen Nuntius in Paris, Kardinal Roncalli, zurück, den späteren Papst Johannes XXIII. Das „Stacheldrahtseminar" bestand etwa zwei Jahre. In ihm studierten unter anderem vier spätere Bischöfe und einige herausragende Priester, die vorher im deutschen Heer Dienst getan hatten. Mit nur 44 Jahren starb Stock im Jahr 1948. Heute erinnern in Frankreich mehrere Gedenksteine an den geschätzten Abbé Stock. Präsident Nicolas Sarkozy und Bundeskanzler Helmut Kohl ehrten den Brückenbauer zwischen Deutschland und Frankreich.

„Selig, die Frieden stiften; denn sie werden Kinder Gottes genannt werden." (Mt 5,9)

▶ Nicht nur in Bayern und im Schwäbischen gibt es viele Orte des Gebetes, sondern auch in Nordrhein-Westfalen. Einen davon besuchen wir jetzt.

Wallfahrtsort Neviges

Mystische Frömmigkeit

Die Geschichte dieser Wallfahrt im Kreis Mettmann ist kulturgeschichtlich interessant, denn nach dem Dreißigjährigen Krieg wünschten viele Katholiken endlich wieder Orte des ruhigen Betens. Laut Wikipedia hatten die Menschen in weiten Teilen Deutschlands das „Bedürfnis nach Marienbildverehrung und mystischer Frömmigkeit“. Daher entstanden im Lauf von vierzig Jahren die Wallfahrten nach Kevelaer, Telgte, Werl und eben auch nach Neviges. Es ging nicht nur um Regel und Reform, sondern die Landesherren wünschten auch wirtschaftliche Unterstützung einer Region.

Bis heute kommen Katholiken aus den Diözesen Köln und Essen, um der Gottesmutter vor dem Wallfahrtsbild ihre Bitten vorzutragen. Die Kette reißt nicht ab. Laut Wikipedia kamen bis 1960 jährlich rund 200 000 Pilger nach Neviges. Heute sind es jährlich rund 8000 Pilger.

Von 1942 bis 1969 förderte Kardinal Josef Frings die Wallfahrt sehr. In seiner Zeit als Erzbischof von Köln wurde von 1966 bis 1968 der Nevigeser Wallfahrtsdom nach einem Entwurf des weltbekannten Architekten Gottfried Böhm gebaut. Diesen Neubau besuchte der damalige Erzbischof von Krakau, Karol Woityła, im September 1978, 23 Tage bevor er zum Papst gewählt wurde. 1981 konnte das 300-jährige Bestehen der Wallfahrt gefeiert werden.

„Sei gegrüßt, o Königin, Mutter der Barmherzigkeit, unser Leben, unsre Wonne und unsre Hoffnung, sei gegrüßt!“ (Salve Regina; 11. Jh.)

▶ Wuppertal heißt die nächste Station unserer Reise. Dort lernen wir eine Powerfrau kennen, eine frühe Feministin.

Helene Weber

„Mutter des Grundgesetzes"

Wer hat 1948 das deutsche Grundgesetz erarbeitet? Es waren 61 Herren und vier Damen. Eine von ihnen hieß Helene Weber. Sie bildeten den Parlamentarischen Rat. Auf Helene Webers Engagement geht der Satz im Grundgesetz zurück „Männer und Frauen sind gleichberechtigt". Schon die Nationalsozialisten hatten ihre Gefährlichkeit erkannt, daher wurde die Ministerialrätin Weber schon kurz nach der Machtergreifung 1933 wegen „politischer Unzuverlässigkeit" fristlos entlassen.

Geboren wurde Helene Weber 1881 in Elberfeld, dem heutigen Wuppertal. Sie studierte Philosophie und Romanistik und wurde Gymnasiallehrerin. Aufgrund ihres sozialen Interesses trat sie der Zentrumspartei und dem Katholischen Deutschen Frauenbund bei und wurde erste Vorsitzende des Vereins katholischer Sozialbeamtinnen Deutschlands sowie Leiterin der Sozialen Frauenschule. 1920 war sie Ministerialrätin. Nach dem Krieg war sie ab 1949 bis zu ihrem Tod im Jahr 1962 Mitglied des Deutschen Bundestages, ab 1950 auch Mitglied der Parlamentarischen Versammlung des Europarates.

Ihre Kraft bezog Helene Weber aus ihrer sozialen Zuwendung zu den Ärmsten der Armen, aus ihrem politischen und sozialen Denken und aus dem Gebet. Immer wieder betete sie auch in der Frauenfriedenskirche in Frankfurt am Main – besonders auch für die Befreiung von der NS-Gewaltherrschaft. Einer ihrer berühmtesten Sätze lautete: „Der reine Männerstaat ist das Verderben der Völker."

„Gott erschuf den Menschen als sein Bild, als Bild Gottes erschuf er ihn. Männlich und weiblich erschuf er sie." (Gen 1,27)

Helene Weber (1881–1962)

▶ Wir kommen an den Rhein zurück, und zwar in die Landeshauptstadt Düsseldorf. Dort lernen wir einen Mann kennen, dessen Vorname zwar auf Frieden hinweist, der aber Grund vieler Konflikte wurde.

Friedrich Spee
Feind der Folterer

Es ist schon eigenartig mit den meisten Religionen! Sie behaupten, Frieden zu stiften, verursachen aber oft Konflikt und Streit. Zwischen Jahwe und dem Volk der Juden gab es immer wieder Streit, zwischen Israel und den umliegenden Völkern gab es Streit um Land, zwischen Jesus und seinen Jüngern gab es Konflikte, in den christlichen Kirchen gibt es ständig Diskussionen und Spaltungen.

Das war auch in und um Düsseldorf so, wo wir einen besonderen Typen treffen. „Da wendet sich der Gast mit Grauen." Auch bei Friedrich Spee ging es meist um Konflikte – und zwar nicht Konflikte zwischen Religion und Staat, sondern zwischen ihm und seinem Jesuitenorden und der Kirche.

Friedrich Spee von Langenfeld lebte von 1591 bis 1635, wurde also nur 44 Jahre alt, aber er machte in den wenigen Jahren Kulturgeschichte in Sachen Rechtsordnung und Literatur. Ohne ihn wäre die barocke Literatur deutscher Sprache viel ärmer.

Geboren in Kaiserswerth bei Düsseldorf, trat er in den noch jungen Jesuitenorden ein. Nach dem Philosophiestudium wollte er als Missionar nach Indien, was ihm verwehrt war. Er wurde vielmehr Philosophieprofessor und Domprediger in Paderborn, später in Wesel und Köln. Dann bekam er den Auftrag, die Bürger von Peine zu rekatholisieren. Sie weigerten sich, und ein Rekatholisierungs-Unwilliger schlug Spee halbtot. Konflikt über Konflikt! Nun musste er wieder in Paderborn Philosophie dozieren.

Doch sein Orden hatte inzwischen Ärger mit Spees moraltheologischer Auffassung, denn Spee hatte – ohne kirchliche Druckerlaubnis – ein Buch veröffentlicht, in dem er die Folter und Verbrennung

Friedrich Spee (1591–1635)
Stich nach einem
zeitgenössischen Porträt

von Hexen verurteilte, die „Cautio criminalis". Er mahnte darin zur Vorsicht mit Anklagen gegen Frauen, die der Hexerei bezichtigt waren. Er leugnete nicht den Teufel, vertrat aber die Ansicht, Folter sei ungeeignet, die Wahrheit zu erfahren, denn mit Folter könne man jeden Menschen zu jeder Aussage zwingen. Wegen seines Buches sollte er aus dem Orden ausgeschlossen werden. Es kam aber nicht so weit, er wurde nur als Gefängnis- und Krankenhausseelsorger in Trier bestellt.

Unter den Jesuiten war inzwischen bekannt geworden, dass der Mitbruder Friedrich Spee der Autor der „Cautio criminalis" war. Ihm drohte daher die Entlassung aus dem Orden. Neuere Forscher nehmen aber an, dass die zweite Auflage der „Cautio" mit Erlaubnis der Ordensoberen erschienen ist.

Inzwischen aber hatte der feinfühlige Mann viel geschrieben, was Literaturgeschichte machte. Das eine ist eine Sammlung von geistlichen Liedern, die „Trutznachtigall oder geistlich-poetisches Lustwäldlein", die erst nach seinem Tod erschien. Ihm ging es – wie er schreibt – um nichts anderes, „als dass Gott auch in deutscher Sprach seine Poeten hätte, die sein Lob und Namen ebenso künstlich als andere in ihren Sprachen singen und verkünden können". Spee gilt seit der Romantik als bedeutendster katholischer Dichter des deutschen Barocks. Das zweite Werk sind die rund 130 viel gesungenen Kirchenlieder, unter anderem „O Heiland, reiß die Himmel auf", „Zu Betlehem geboren", „Ist das der Leib, Herr Jesu Christ", „Vom Himmel hoch, da komm ich her".

Bei der Pflege von Pestkranken oder der Betreuung von verwundeten Soldaten im Krieg gegen Frankreich steckte er sich an und starb 1635. In Trier wird auch heute noch sein Grab verehrt. Spee war ein Genie schlechthin. Wie arm wären Kunst und Kultur ohne die Menschen, die mit allen ihren Gaben in Geist und Herz Christus suchten!

Aus der „Cautio criminalis": „Gar viele werden unschuldig gefoltert, gereckt, geschraubt, mit grausamen, unmenschlichen Martern gequält. Vor unerträglicher Pein müssen sie gegen sich und andere bekennen, woran sie nie auch nur gedacht haben. Und wenn sie schon tausendmal vor Gott unschuldig sind, will man es ihnen doch nicht glauben [...]. Was die armen Menschen sagen oder klagen, ist alles nichts, solange sie sich nicht schuldig bekennen; sonst will man sie nicht hören. Da foltert man sie dreimal, viermal, fünfmal, bis sie endlich entweder sterben oder sich schuldig bekennen." – „O Gott, was ist das für ein Gräuel, was ist das für eine Gerechtigkeit! Da ist niemand, der so betrübte und bedrängte Herzen tröste. Ja, wer es tun könnte und wollte, wird nicht zugelassen. So müssen die armen Kreaturen, für die Christus am Kreuz gestorben ist, in ihrem Kot und Gestank, voller Schmerzen des Leibes und der Seele, ganz verlassen liegen und verschmachten." – „Es darf niemandem verweigert werden, sich so gut und vollständig wie möglich zu verteidigen, die Verteidigung muss in solchen Prozessen sogar in viel weiterem Umfange zugelassen werden als bei einem sonstigen Verbrechen. Wer anders verfährt, verstößt in hochwichtiger Sache gegen das Naturrecht. Der Richter selbst hat dafür zu sorgen, dass es den Gefangenen nicht an Advokaten fehlt. Ein Prozess, in dem man dem Beschuldigten seine rechtmäßige Verteidigung verweigert hat, ist nichtig und ungültig, und der Richter ist – wie sein Fürst – zur Genugtuung, d. h. zum Schadenersatz, verpflichtet."[18]

„Ihr seid zur Freiheit berufen, Brüder und Schwestern. Nur nehmt die Freiheit nicht zum Vorwand für das Fleisch, sondern dient einander in Liebe!" (Gal 5,13)

► Aus Düsseldorf kam auch ein katholischer Politiker, der für Adolf Hitler so gefährlich war, dass er ihn von einem SA-Mann erschießen ließ.

Erich Klausener

Von Hitler ermordet

Dem engagierten rheinischen Katholiken ging es zwischen den beiden Weltkriegen vor allem darum, den Katholiken im Reich gesellschaftlich eine Stimme zu geben, die nicht zu überhören ist. Katholiken waren schon unter den Hohenzollernkönigen des alten Reiches ohne wesentliche Stimme, ebenso in der Weimarer Republik. Erst recht waren sie dem österreichischen Katholiken Adolf Hitler nicht nur ein Dorn im Auge.

Erich Klausener war in Berlin Hitler so gefährlich geworden, dass zwei SA-Männer am 30. Juni 1934 überraschend in Klauseners Büro erschienen. Der eine sagte: „Sie sind verhaftet", der andere schoss ihm gleichzeitig ins Gehirn. Weil Klausener aber weithin bekannt war, wurde offiziell mitgeteilt, er habe sich selbst erschossen.

Geboren wurde der Mann 1885 in Düsseldorf. Nach seinem Jurastudium arbeitete er als Regierungsassessor im Preußischen Ministerium für Volkswohlfahrt, dann im Innenministerium, schließlich im Reichsverkehrsministerium.

Doch nebenbei war er Herz und Hirn der Katholischen Aktion, der Laienbewegung der katholischen Kirche, die sich besonders um die Verwirklichung der katholischen Soziallehre engagierte. Klausener war den einen zu rechts, den anderen zu links. Er trat so energisch für soziale Gerechtigkeit ein, dass er zeitweise für einen Kommunisten gehalten wurde. Andererseits wurde er zum Chef des Katholischen Akademikerverbandes gewählt. Klausener war auch von der Diözese Berlin beauftragt, die verschiedenen katholischen Vereine unter einen Hut zu bringen. Seine Schwäche bestand aber auch darin, dass er meinte, Adolf Hitler werde nach Regierungsübernahme maßvoller werden. Er unterstützte daher die Nazi-Bewegung „Kraft durch Freude“ und den „Eintopfsonntag“.

Erich Klausener (1885–1934)

Klausener wollte die nationale Bewegung katholisch beeinflussen. Wenige Tage vor der Machtübernahme Hitlers rief er im Jesuitengymnasium auf: „Seid katholisch und seid deutsch.“ Es ging ihm darum, einen neuen Kulturkampf zu vermeiden. Hitler hatte auch vorher schon geblendet, als er am „Tag von Potsdam“ von freundschaftlichen Beziehungen zum Heiligen Stuhl sprach und wenig später das Konkordat mit dem Vatikan schloss. Im Juli 1933 fand in Berlin ein Katholikentag statt, dabei forderte Klausener neben der nationalen Erhebung von den Christen eine „innere, geistige Erneuerung“. Ein Jahr später war er tot, erschossen als Gefährder des Dritten Reiches. Vermutlich wusste Klausener, dass er viele Jahre lang sein Leben gewagt hatte.

„Jesus antwortete: Mein Königtum ist nicht von dieser Welt. Wenn mein Königtum von dieser Welt wäre, würden meine Leute kämpfen, damit ich den Juden nicht ausgeliefert würde. Nun aber ist mein Königtum nicht von hier. Da sagte Pilatus zu ihm: Also bist du doch ein König? Jesus antwortete: Du sagst es, ich bin ein König. Ich bin dazu geboren und dazu in die Welt gekommen, dass ich für die Wahrheit Zeugnis ablege. Jeder, der aus der Wahrheit ist, hört auf meine Stimme.“ (Joh 18,36 f.)

▶ Bevor wir uns in die Domstadt Köln wenden, machen wir eine Stippvisite in Altenberg.

Der Altenberger Dom

Jugend für Versöhnung und Frieden

Der 1947 gegründete Bund der Deutschen Katholischen Jugend hatte von Anfang an nicht nur ein „Hirn“ in Düsseldorf, sondern sein „Herz“ im Altenberger Dom. Nach dem Zweiten Weltkrieg hatte es sich gezeigt, dass es nötig ist, die verschiedenen katholischen Jugendverbände unter einen Hut und unter ein Dach zu bringen. Es ging dem Verband darum, den Kindern und Jugendlichen in Kirche, Politik und Gesellschaft eine gemeinsame Stimme zu geben. Vor allem in den ersten Jahren nach dem Krieg spielte das jährliche Treffen der katholischen Jugendlichen beim Altenberger Dom eine herausragende Rolle.

Von dort wurde ab 1950 das sogenannte Altenberger Licht jährlich in Form einer Stafette von Jugendlichen in viele deutsche Orte und auch in andere Länder Europas getragen. Es war in der Nachkriegszeit eine Botschaft des Friedens und der Versöhnung. Nach dem Zweiten Vatikanischen Konzil wurde es zwar als nicht mehr zeitgemäß betrachtet, doch 1980 wiederbelebt und ist bis heute ein Zeichen der christlichen Kirchengemeinschaft. Es feierte im Jahr 2020 seinen 70. Geburtstag.

Der Dom im Bergischen Land hat eine lange Geschichte. 1133 kamen Mönche aus dem französischen Zisterzienserkloster Morimond hierher. 1803 wurde das Kloster aufgelöst, weil die Staaten die kirchlichen Territorien abschaffen wollten. 1857 verfügte der König von Preußen, dass der leerstehende Dom offen sein müsse für Gottesdienste der katholischen wie auch der evangelischen Christen.

„Ein junger Mann kam zu Jesus und fragte: Meister, was muss ich Gutes tun, um das ewige Leben zu gewinnen? [...] Der junge Mann sagte: Alle Gebote habe ich befolgt. Was fehlt mir noch? Jesus antwortete ihm: Wenn du vollkommen sein willst, geh, verkauf deinen Besitz und gib ihn den Armen; und du wirst einen Schatz im Himmel haben; und komm, folge mir nach! Als der junge Mann das hörte, ging er traurig weg; denn er hatte ein großes Vermögen."
(Frei nach Mt 19,16–22)

▶ Nicht weit von Essen ist der Geburtsort einer Westfälin, die in Indien zur Nachfolgerin von Mutter Teresa wurde.

Mary Prema Pierick

Auf dem Weg nach Kalkutta

Die Westfälin war im Jahr 1980 beim Katholikentag in Berlin so sehr von Mutter Teresa ergriffen, dass sie sofort darum bat, in die Gemeinschaft der „Missionarinnen der Nächstenliebe“ aufgenommen zu werden. Sie war damals 27 Jahre alt und hatte Kindererziehung gelernt und ausgeübt. Ursprünglich hieß sie Mechthild und stammte von einem Bauernhof in Groß-Reken. Mutter Teresa gab ihr den neuen Namen Mary Prema und setzte sie nach dem Noviziat in Einrichtungen ihres Ordens in Rom, Neapel, Madrid und an anderen Orten ein. Dann berief Mutter Teresa sie nach Kalkutta in die Leitung der Gemeinschaft, die damals schon etwa 5000 Mitglieder zählte. Mary Prema musste Mutter Teresa dann auf vielen Reisen begleiten und als Dolmetscherin fungieren – vor allem auch im Vatikan. 2009 wurde Mary Prema zur zweiten Nachfolgerin von Mutter Teresa in die Leitung der Gemeinschaft gewählt. Diese hat rund 750 Einrichtungen in etwa 135 Ländern. Darunter sind Heime für Sterbende, Lepra- oder Aidskranke, Obdachlose und Kinder. Sie kümmern sich um die Ärmsten der Armen.

„Ich war hungrig und ihr habt mir zu essen gegeben; ich war durstig und ihr habt mir zu trinken gegeben; ich war fremd und ihr habt mich aufgenommen; ich war nackt und ihr habt mir Kleidung gegeben; ich war krank und ihr habt mich besucht; ich war im Gefängnis und ihr seid zu mir gekommen.“ (Mt 25,35 f.)

Mary Prema Pierick (* 1953)
Im Garten des Ordenshauses in Rom, 2016

▶ Nun geht's ein wenig rheinaufwärts und wir erreichen die Domstadt Köln.

Adam Schall von Bell

Mandarin in Peking

Im Rhein-Sieg-Kreis liegt Lüftelberg. Dort steht die Wiege eines der gebildetsten Männer des 17. Jahrhunderts: Pater Adam Schall von Bell. Er war Mathematiker und Astronom, Missionar der Jesuiten in China und wurde in Peking Mandarin. In Köln hatte er den jungen Jesuitenorden kennengelernt und erfahren, dass Jesuiten die Botschaft Jesu Christi auch durch Bildung und Wissenschaft bekannt machen wollten. Er trat in Rom in den Orden ein, studierte dort Theologie. Nach seiner Priesterweihe schloss er sich 1618 einer internationalen Gruppe von Jesuiten an, die sich nach China aufmachte.

Am Kaiserhof in Peking war man an fachkundigem Personal aus Europa interessiert. 1630 schrieb Schall von Bell auf Chinesisch den Traktat über das Fernrohr. Noch im gleichen Jahr bekam er vom Kaiser den Auftrag, den chinesischen Kalender zu reformieren. Dieser war in Peking wichtig für die Legitimierung der Amtszeit des jeweiligen Kaisers und für die Vorschriften des täglichen Lebens. Dazu musste Schall lateinische Fachbücher ins Chinesische übersetzen und astronomische Instrumente auf den neusten Stand bringen lassen. Der Protestant Kepler schickte dazu Hilfe nach Peking. 1634 baute Schall das erste galileische Fernrohr. Schließlich leitete er die Herstellung von einhundert Kanonen für das Kaiserhaus. Und er wurde Präsident des kaiserlichen astronomischen Instituts.

Gleichzeitig erklärten Schall und seine Mitbrüder gebildeten Chinesen die Lehre des Christentums. Es entstand eine Symbiose von christlichen Anschauungen mit chinesischen Ansichten, Lebensgewohnheiten und Riten. Chinesen, die sich taufen ließen, durften weiterhin auch die Ahnen verehren, wie sie es gewohnt waren. Auch durften sie weiterhin Gott „Herr des Himmels" nennen. Diese Lehren wurden jedoch von Missionaren der Dominikaner und Franziskaner abgelehnt. Sie verklagten die Jesuiten im Vatikan, und so entstand der bekannte Ritenstreit.

Adam Schall von Bell (1591–1666) in einem Mandarin-Gewand

Mit 73 Jahren erlitt Schall einen Schlaganfall. Das wurde von seinen Gegnern benutzt, ihn anzuklagen, er habe den Tod des Herrschers durch eine Falschberechnung verursacht. Er entging der Hinrichtung nur wegen eines Erdbebens, das als göttlicher Hinweis für Schalls Unschuld interpretiert wurde. Er starb rehabilitiert in hohen Ehren 1666.

Der Wunsch, Jesus Christus zu verkündigen, war Grund für den Brückenbau zwischen zwei Kulturen und für den Versuch, die Botschaft Christi, die in Europa Wurzel geschlagen hatte, Menschen einer anderen Kultur verständlich zu machen. Glaube an Jesus Christus schafft Kultur und ist indirekt auch politisch, auch wenn die Christen es gar nicht beabsichtigen.

Konfuzianische Weisheit: „Um an die Quelle zu kommen, muss man gegen den Strom schwimmen."

Der Dom zu Köln

Von der Ruine zum Symbol

Die halbe Welt kennt den Kölner Dom, er ist ein Symbol Deutschlands. Freilich wurden die Domtürme erst 1880 aufgerichtet, weil Deutschland als geeintes Königreich ein weltweit herausragendes Zeichen brauchte. Jahrhundertelang stand der Dom turmlos. Manche nannten ihn „Ruine". Nicht einmal Goethe, der ihn noch turmlos sah, war über ihn glücklich: „Hat eine bedeutende Ruine etwas Ehrwürdiges? Ahnen, sehen wir in ihr den Konflikt eines würdigen Menschenwerks mit der stillmächtigen, aber auch alles nicht achtenden Zeit, so tritt uns hier ein Unvollendetes, Ungeheures entgegen, wo eben dieses Unfertige uns an die Unzulänglichkeit des Menschen erinnert, sobald er sich unterfängt, etwas Übergroßes leisten zu wollen."

> HEINRICH HEINE, der Aufklärer, meinte, man solle die Türme nicht bauen:
> „Doch siehe! Dort im Mondenschein den kolossalen Gesellen!
> Er ragt verteufelt schwarz empor, das ist der Dom von Köllen.
> Er sollte des Geistes Bastille sein, und die listigen Römer dachten:
> In diesem Riesenkerker wird die deutsche Vernunft verschmachten.
> Da kam der Luther, und er hat sein großes ‚Halt' gesprochen.
> Seit jenem Tage blieb der Bau des Domes unterbrochen.
> Er ward nicht vollendet, und das ist gut. Denn eben die Nichtvollendung macht ihn zum Denkmal von Deutschlands Kraft und protestantischer Sendung."

„Wisst ihr nicht, dass ihr Gottes Tempel seid und der Geist Gottes in euch wohnt? Wer den Tempel Gottes zerstört, den wird Gott zerstören. Denn Gottes Tempel ist heilig, und der seid ihr.“ (1 Kor 3,16 f.)

▶ In Köln begegnen wir auch einem der genialsten Denker der Weltgeschichte. Es klingt übertrieben, aber wenn man ihn ein wenig kennenlernt, kommt man um diese Formulierung nicht herum.

Albertus Magnus
Vor-Denker der Welt

Laut Wikipedia war er ein Universalgelehrter, auf halbem Weg zwischen Aristoteles und Albert Schweitzer. Denn er war Naturwissenschaftler, Jurist, Philosoph und Theologe. Und für unsere Zeit gilt wohl: Er hat gerade den Menschen, die unseren Globus und das Klima retten wollen, viel zu sagen. Sein Gesamtwerk umfasst 41 Bände.

Er öffnete die Tür für das Studium der Naturwissenschaft, weil er den alten Griechen Aristoteles gründlich studierte hatte. Er öffnete der Menschheit nicht nur die Tür für die Natur, sondern gerade auch dem modernen Menschen die Augen für den Respekt vor der Natur. Wenn wir ihn verstehen, sehen wir, warum wir in Gefahr sind, sowohl unsere Umwelt wie auch unsere Innenwelt zu zerstören.

Seine These: Wenn unser Denken, Forschen und Suchen, unsere Seelen nicht in Ordnung sind, dann zerstören wir unseren Globus, unseren Kosmos, unser Klima. „Die schönsten Dinge auf dieser Welt in der Natur, die alles von Menschenhand Geschaffene in den Schatten stellen, kosten gottlob überhaupt kein Geld [...] Gott ist der höchste und oberste Künstler. Er steht zur geschaffenen Welt wie jeder menschliche Künstler zu seinem Werk [...]. Wir müssen Könige sein: Wir müssen das Reich, das uns von Gott anvertraut ist, derart verwalten, dass er sich herablässt, in uns Wohnung zu nehmen. Das Reich, das er uns anvertraut hat, ist unsere Seele. Über unsere Seele müssen wir in Gerechtigkeit, Freude und Frieden im Geiste herrschen.“[19]

Geboren wurde Albertus Magnus um das Jahr 1200 im schwäbischen Lauingen, gestorben ist er 1280. Beim Studium der freien Künste und der Medizin in Padua begegnete er erstmals dem griechischen Philosophen Aristoteles, und es gingen ihm die Augen auf, denn Aristoteles war vorher nördlich der Alpen noch weitgehend unbekannt.

Albertus Magnus (um 1200–1280)

Ein Jahr später trat er in Köln in den neu gegründeten Dominikanerorden ein, studierte dort Theologie und wurde zum Priester geweiht. Dann begann sein Wanderleben als Professor in Hildesheim, Freiburg, Regensburg, Straßburg. 1237 schlugen ihn die Dominikaner-Mitbrüder in Bologna als neuen Ordensgeneral vor. Er wurde aber nicht gewählt. Ab 1243 dozierte er unter anderem jüdisch-arabische Philosophie an der Sorbonne in Paris, und der heilige Thomas von Aquin saß zu seinen Füßen. Als Albertus 1248 nach Köln zurückkam, saßen Studenten aus ganz Europa in seinen Vorlesungen. Er war europaweit bekannt geworden.

Er war dabei, als die Stadt Köln 1248 den Grundstein für den Kölner Dom legte. Von 1254 an marschierte Albertus als Provinzoberer der Dominikaner zu Fuß zu vierzig Neugründungen seines Ordens. Seine Karriere endete dann nicht, sondern im Gegenteil machte ihn der Papst 1260 zum Bischof von Regensburg und damit zum Reichsfürsten. Nach zwei Jahren wurde er wieder befreit vom ungeliebten Bischofsamt, aber der Papst verpflichtete ihn 1263, im deutschen Reich für einen Kreuzzug zu werben. Nach einem Jahr konnte er das Amt wieder niederlegen und weiter dozieren, jetzt in Würzburg, Straßburg und Köln. Eine neue Berufung nach Paris lehnte Albertus ab, musste aber 1274 zum Konzil von Lyon, wo Rudolf von Habsburg als deutscher König anerkannt wurde. 1280 starb Albertus in Köln und wurde dort in St. Andreas beigesetzt.

Vielleicht ist die Menschheit, seitdem sie die Dampfmaschine, die Eisenbahn, das Auto, das Flugzeug und das Handy entdeckt hat, ein bisschen zu weit weggegangen von der – so geliebten – Natur. Vermutlich wird es ihr besser gehen, wenn sie die Natur nicht nur nutzt und ausnutzt, sondern von ihr lernt – wie Albertus Magnus von ihr gelernt hatte. Er heißt „Albertus Magnus“ („Albert der Große“), weil er schon von seinen Zeitgenossen als überragend angesehen wurde. Die katholische Kirche hat ihn heiliggesprochen und verehrt ihn als Kirchenlehrer.

> ALBERTUS MAGNUS: „Durch Gebet und Frömmigkeit erreicht man in den göttlichen Wissenschaften mehr als durch Studium [...] Der Mensch steht in der Mitte der Schöpfung, zwischen Stoff und Geist, zwischen Zeit und Ewigkeit [...] Kein Wissen, auch nicht das naturwissenschaftliche, ist – richtig verstanden – zu verwerfen. Dem, der die Naturwissenschaft von Grund auf recht versteht, sind die Worte des Herrn kein Anlass zum Zweifel. Weltliche Weisheit und Klugheit sind gut, wenn sie gut verwendet werden. Ob das Streben nach Wissen sittlich gut oder schlecht ist, hängt vom Beweggrund ab, der uns bei diesem leitet.“[20]

▶ Wir bleiben in Köln.

Edith Stein

Vom Karmel ins KZ

Im Sprechzimmer des Karmelitinnenklosters treffen wir die herausragende Frau, die eine Brücke geschlagen hat zwischen Christen und Juden – es ist Edith Stein. Sie war vom Judentum zum Christentum übergetreten und Ordensfrau geworden. Als Karmelitin hieß sie Teresia Benedicta vom Kreuz. Wikipedia jedenfalls nennt sie eine „Brückenbauerin", denn sie identifizierte sich – auch nach ihrer Konversion – voll mit ihrem jüdischen Herkommen. Direkt vor ihrer Deportation ins KZ durch die Nationalsozialisten sagte sie zu ihrer Schwester: „Komm, wir gehen für *unser* Volk." An verschiedenen Orten, wo Edith Stein gelebt hatte, liegen die sogenannten „Stolpersteine", die an sie erinnern. Der israelische Publizist und Diplomat Avi Primor würdigte diese Initiative, an Naziopfer zu erinnern, und schloss damit Edith Stein ein. Durch ihr Leben und Denken hat sie einen großen Beitrag geleistet zur Annäherung zwischen Juden und Christen. Edith Stein hat damit einen kulturgeschichtlichen Beitrag geleistet zur Versöhnung zwischen den beiden Religionen, die sich bis dahin ablehnend gegenübergestanden hatten. Juden waren oft „Gottesmörder" genannt worden.

Geboren wurde Edith Stein in Breslau im Jahr 1891, gestorben ist sie im KZ Auschwitz-Birkenau 1942, doch ihre Lebens- und Denkwege waren breit. Schon mit 14 Jahren wurde ihr der Glaube ihrer streng jüdisch-orthodoxen Familie fremd. Bald verstand sie sich als Atheistin. Sie studierte in Breslau, Göttingen und Freiburg im Breisgau Psychologie, Germanistik und Geschichte und schrieb eine Doktorarbeit bei Edmund Husserl. Ihr geistiger Gesprächspartner war unter anderem Martin Heidegger.

Als Edith Stein rund 30 Jahre alt war, gab es einen Sprung in ihrem Leben. Sie stieß 1922 mehr oder weniger zufällig auf die Auto-

Edith Stein (1891–1942)
Foto aus dem Jahr 1935

biographie von Teresa von Ávila und war auf der Stelle so beeindruckt, dass sie um die Taufe bat und katholisch wurde. Ihr neues Leben begann sie als Lehrerin an der Schule der Dominikanerinnen in Speyer. Nach wenigen Jahren wechselte sie in das „Deutsche Institut für wissenschaftliche Pädagogik“ in Münster. Da die Nationalsozialisten aber bald begannen, Juden aus öffentlichen Einrichtungen zu vertreiben, schied Edith Stein freiwillig dort aus, folgte ihrem lang ersehnten Plan und trat in den Kölner Karmel ein. Durch ein Versehen ihrer Oberin wurde den Nationalsozialisten in Köln bekannt, dass eine Jüdin in dem Kloster lebte, daher siedelte Edith Stein ins niederländische Kloster Echt um. Aber auch dort war sie vor dem Zugriff der Regimes nicht sicher. Weil die niederländischen Kirchen gegen die Verschleppung der Juden protestiert hatten, wurde Edith Stein – obwohl sie katholisch geworden war – mit vielen anderen abtransportiert. Sie wurde vermutlich am 9. August 1942 in Auschwitz in der Gaskammer ermordet.

„Leben wir, so leben wir dem Herrn, sterben wir, so sterben wir dem Herrn. Ob wir leben oder ob wir sterben, wir gehören dem Herrn.“ (Röm 14,8)

▶ Ein wenig ostwärts von Köln besuchen wir einen sozialen Manager zur Zeit der Kommunisten, des Wirtschaftswunders und des beginnenden Flüchtlingsdramas.

Rupert Neudeck

Der Erfinder von „Cap Anamur“

In Troisdorf wohnte ein kühner Held der Moderne, der Journalist Rupert Neudeck. Er hatte das Schiff „Cap Anamur“ organisiert, mit dem über 10 000 vietnamesische Bootsflüchtlinge, die vor dem kommunistischen Regime in kleinen Booten übers Meer geflohen waren, aus Seenot gerettet wurden. Viele von ihnen wurden nach Deutschland gebracht. Es waren die sogenannten „Boatpeople“.

Später gründete Neudeck das Internationale Friedenscorps Grünhelme e.V. Dieses setzt sich in Kriegs- und Krisenregionen für den Bau oder Wiederaufbau von Gemeinde-Infrastrukturen ein sowie für Bau und Reparatur von sozialen, ökologischen, kulturellen und religiösen Einrichtungen.

Rupert Neudeck
(1939–2016)

Basis für diese freiwillige Tätigkeit war seine Arbeit beim Deutschlandfunk. Geboren war der weltweit bekannte Nothelfer in Danzig im Jahr 1939, er starb 2016. Neudeck erhielt rund 15 Ehrungen und Auszeichnungen.

> Rupert Neudeck: „Ich möchte nie mehr feige sein. ‚Cap Anamur' ist das schönste Ergebnis des deutschen Verlangens, niemals wieder feige, sondern immer mutig zu sein [...] Abenteuer und Risiko gehören zu einem erfüllten Leben. Ohne Abenteuer verdorren wir wie eine Primel. Auch für Einsätze in Bürgerkriegsgebieten spielt die Neigung zum Risiko eine große Rolle."

▶ Wir machen einen Abstecher in südliche Richtung, vorbei an Bonn, und kommen zu einem weithin bekannten Kloster.

Kloster Maria Laach

„Ora et labora“

Wohin gehen Christen aus Köln oder Bonn, wenn sie sich geistlich neu aufbauen wollen? Natürlich zu den Benediktinerpatres am Laacher See. Hier weht der Wind des heiligen Benedikt, der Europa die christliche Grundlage gab.

Im Jahr 1093 wurde das Kloster gegründet. Klöster waren damals Stätten der geistigen und handwerklichen Kultur. Das Wort „Kultur“ kommt von „Kult“, und das bedeutet „Verehrung Gottes“. Hier sammelten sich die Mönche, um nach ihrem Motto „Bete und arbeite“ Gott und den Menschen zu dienen. 700 Jahre dauerte das Mönchsleben, bis die Aufklärer meinten, Beten sei überflüssig, nötig sei das vernünftige Denken. 1802 wurde das Kloster daher säkularisiert. Dann gab es ein kurzes Zwischenspiel des Jesuitenordens in Maria Laach von 1863 bis 1872, bis Reichskanzler Bismarck meinte, in Preußen sollte es keine Jesuiten geben, denn diese waren zu sehr am Papst in Rom orientiert. 1892 konnten die Benediktiner aus dem Kloster Beuron die Abtei wiederbesiedeln. In Maria Laach belebten sie den Choralgesang neu und bereiteten die Reform der katholischen Liturgie vor.

„Ja, so spricht der Herr zum Haus Israel: Sucht mich, dann werdet ihr leben!“ (Am 5,4)

▶ Wir kehren nach Köln zurück.

Heinrich Böll

Der unbequeme Katholik

Der Literaturnobelpreisträger wird als „katholischer Rebell“ bezeichnet. Er könnte wohl auch als Stachel im Fleisch der Christen bezeichnet werden. Vermutlich würde er sofort zustimmen, wenn man ihn fragte: Wollen Sie die Sonntagschristen ärgern, auf die Palme bringen? Die Publizistin Elisabeth Hurth beschreibt in ihrem Artikel „Der unbequeme Katholik“, was heute noch zu lernen wäre: „Böll lehnt eine Ästhetisierung von Religion ab, die einer unverbindlichen Folgenlosigkeit Vorschub leistet. Diese Folgenlosigkeit zeigt sich für Böll vor allem darin, dass religiöse Formen als ‚Dekor‘ genutzt werden und Religion letztlich nur noch Mittel zum Zweck ist.“

Heinrich Böll wurde 1917 in Köln geboren und starb 1985 in Kreuzau-Langenboich. Er begann 1939 das Studium der Germanistik und der klassischen Philologie, doch musste er kurz darauf zur Wehrmacht und blieb Soldat, bis er in US-amerikanische Kriegsgefangenschaft geriet. Nach der Entlassung begann er, Artikel und Kurzgeschichten zu schreiben. Es folgten Buch auf Buch und Erfolg auf Erfolg. Den Menschen in der Nachkriegs- und Trümmerzeit sprach er aus der Seele, und seine Bücher wurden verschlungen. So wurde er auch politisch relevant, denn er stemmte sich gegen den restaurativen Zeitgeist. Er wurde zum Vorkämpfer der Linksintellektuellen. Später aber schlug er sich auch auf die Seite der sowjetischen Schriftsteller und Dissidenten wie Alexander Solschenizyn und Lew Kopelew. Schließlich erhielt er den Literaturnobelpreis.

Böll schreibt über seine Kirchenzugehörigkeit: „Ich zahle sie [die Kirchensteuer] nicht mehr freiwillig, ich habe die Alternative Austreten oder Nichtzahlen nicht angenommen. Ich habe einen langen

Heinrich Böll (1917–1985)
Foto aus dem Jahr 1983

Briefwechsel mit dem verstorbenen Generalvikar der Erzdiözese Köln gehabt, praktisch lief der darauf hinaus: ‚Ja, gut, dann tritt aus …' Diese Alternative kann ich nicht akzeptieren, weil meine Bindung an diese merkwürdige Institution, die ja nicht nur Institution ist, viele Schichten hat."

Böll war ein Mensch, der in seinem tiefsten Inneren mit Christus gerungen hat. Vielleicht fragte er Christus oft: Warum gehören zu deinen Freunden so viele Versager? Warum nehmen sie dich nur mit Worten, aber nicht mit Taten ernst?

Ein Satz von Heinrich Böll, der sein linkes Image ein wenig korrigiert: „Recht ist der wertvollste, der wichtigste Teil, die wichtigste Errungenschaft unserer Kultur. Rechtsgleichheit und Freiheit gehören zusammen."

„Ihr werdet mich suchen und ihr werdet mich finden, wenn ihr nach mir fragt von ganzem Herzen." (Jer 29,13)

▶ Nun fahren wir ein wenig nach Westen in Richtung Bad Münstereifel. Dort wurde ein Sozialrevolutionär geboren, der in der Zeit der Zaren die Moskauer Kerker reformierte.

Friedrich Haass

Gast in russischen Kerkern

Zwei Heilige waren seine Patrone: Franz von Assisi und Franz von Sales. Sie brachten ihn auf seinen Weg. Als er im Jahr 1853 starb, kamen rund 20 000 Menschen zu seiner Beerdigung. Seit 1995 gibt es den Dr.-Friedrich-Haass-Preis. Einer der ersten Preisträger war Michail Gorbatschow. Die deutsche Schule in Moskau ist nach ihm benannt.

In seiner deutschen Heimat ist der Arzt kaum bekannt. Seit 1999 läuft ein Verfahren, ihn seligzusprechen. Die Russen nennen ihn schon heute „Heiliger Doktor von Moskau“.

Friedrich Haass wurde 1780 geboren, studierte in Köln, Jena und Göttingen außer Medizin auch Philosophie und Germanistik. Bei einer Reise nach Wien traf er zufällig den russischen Fürsten Repnin, dessen Augenkrankheit Friedrich Haass heilte. Der Fürst lud ihn nach Moskau ein, wo er dann festen Wohnsitz nahm. In fünfzehn Jahren avancierte er als Hausarzt für die Moskauer Oberschicht, bis er die entsetzlichen Zustände in den Gefängnissen entdeckte. Die Gefangenen trugen Fesseln, die ihre Füße blutig rieben. Haass setzte durch, dass die Fußfesseln mit Leder ausgelegt wurden und leichter waren.

Vor allem aber besuchte er sein Leben lang die Gefangenen, sprach mit jedem einzelnen, steckte ihnen Lebensmittel zu. Sein ganzes Vermögen ging in die Gefängnisse zu den Insassen.

Der Ausgang seines Kampfes für eine humanere Behandlung der Strafgefangenen war vor allem der heilige Franz von Sales. Dessen Schriften gehörten zu seinen Lieblingsbüchern. Haas war auch in Korrespondenz mit dem Philosophen Friedrich Wilhelm Schelling, den er seinen „geliebten deutschen Lehrer“ nennt. Ihm empfiehlt er

Friedrich Haass
(1780–1853)

aber auch Franz von Sales als „geliebten Mentor und Erzieher“, vor allem das Buch „Abhandlungen über die Gottesliebe“.

In Moskau war es üblich, dass Strafgefangene nach Sibirien verbannt wurden. Ab 1828 war Haass für 25 Jahre Mitglied des Moskauer Gefängnisschutzkomitees. Dieses musste sich um die Märsche der Gefangenen nach Sibirien kümmern. Seine Ansicht: Der Mensch ist von Natur aus gut, weil Gott ihn nach seinem Bild geschaffen hat. Wenn der Mensch vom rechten Weg abkommt, ist er unglücklich und krank. Nur durch Humanität sei er zu heilen. Dahinter stand für ihn als Vorbild außer Franz von Sales auch Franziskus von Assisi.

„Ich war im Gefängnis, und ihr habt mich besucht.“ (Mt 25,36)

▶ In der Nähe von Ahrweiler liegt der 1000-Einwohner-Ort Birresdorf. Von hier stammt ein Mann, der die antikommunistische Geschichte Estlands im Baltikum wesentlich geprägt hat.

Eduard Profittlich

Märtyrer ohne Martyrium

Als die Kommunisten Estland 1940 erobert und in das Sowjetreich eingegliedert hatten, fiel ihnen bald der Bischof der winzigen katholischen Gemeinde des Landes unangenehm auf. Denn seine Predigten hatten nicht nur bei der kleinen katholischen Minderheit Zulauf, sondern auch bei den Lutheranern. Profittlichs Zeitschrift wurde gerade von der Intelligenz des Landes aufmerksam gelesen. Die Zahl der Katholiken wuchs, mehrere Pfarreien wurden neu gegründet. Daher brauchte die katholische Kirche mehr Priester, und es kamen Ordensfrauen, die Kindergärten leiteten.

Profittlich ging es vor allem um die Jugend, und er gewann sie. Er gab Religionsunterricht in nicht weniger als fünf Sprachen. Denn das Land war international besiedelt.

Der 1890 geborene Mann aus der Eifel wollte schon in jungen Jahren Priester werden. Seine Eltern waren aber gegen seinen Eintritt in den Jesuitenorden, denn sie sahen ihn eher als Pfarrer, der ein wenig Geld in die zwölfköpfige Familie bringen sollte. So kam er ins Priesterseminar, bat ohne Wissen der Eltern um Aufnahme bei den Jesuiten, studierte Theologie, wurde zum Priester geweiht. Im Ersten Weltkrieg hatte er als Krankenpfleger gearbeitet. Als die Russlandmission der Jesuiten gegründet wurde, bat er, dabei mitarbeiten zu dürfen. Daher erweiterte er seine Philosophie- und Theologiestudien in Krakau, wurde zweimal promoviert. Doch wegen der Kommunisten in der Sowjetunion war es unmöglich, in das Land zu ziehen. So wurde er zunächst Polenseelsorger in Oppeln und Hamburg, wurde dann aber nach Tallinn beordert, weil dort viele Polen lebten. Nach kurzer Zeit wurde er zum Bischof geweiht. Er war damit der erste katholische Bischof Estlands seit der Reformation.

Eduard Profittlich
(1890–1942)

Die deutsche Botschaft in Estland forderte kurz nach Kriegsbeginn alle Deutschen auf, das Land zu verlassen – auch Profittlich. Er weigerte sich, obwohl er wusste, dass er vermutlich nach Sibirien verschleppt werden würde. Der Vatikan erlaubte ihm ausdrücklich, selbst zu entscheiden. 60 000 Menschen wurden im Lauf der nächsten Monate gefoltert, verhaftet, verschleppt und ermordet. Dem Bischof wurde Spionage vorgeworfen, und so wurde er verhaftet. 50 Jahre lang wusste man nicht, ob er noch lebt und wo er sich aufhält. Erst nach dem Zusammenbruch der Sowjetunion teilte die Regierung Estlands mit, Profittlich sei infolge vieler Verhöre und Misshandlungen im Jahr 1942 gestorben. Seit dem Jahr 2002 läuft ein Verfahren zu seiner Seligsprechung.

„Selig, die leiden um der Gerechtigkeit willen, denn ihnen gehört das Himmelreich." (Mt 5,10)

▶ Wir fahren nach Kerpen, unweit von Köln.

Adolph Kolping

Der Kontrahent von Karl Marx

Ein Zeitgenosse von Karl Marx war der Gründer der Gesellenvereine. Er konnte sich ebenso wie der Vordenker des Kommunismus mit den miserablen sozialen Verhältnissen im 19. Jahrhundert nicht abfinden. Beide stammen aus der gleichen katholischen Ecke des deutschen Reiches: Marx kam aus Trier, Kolping aus dem nicht minder katholischen Kerpen bei Köln. Marx wurde 1818 geboren, Kolping 1813. Kolping starb schon 1865 mit 52 Jahren, Marx erst 1883 mit 65 Jahren. Marx ging es um die Theorie, die Armut zu überwinden, Kolping um die Praxis, vor allem den bitterarmen Handwerksgesellen zu helfen.

Die Grundthese von Karl Marx lautete: „Die Geschichte aller bisherigen Gesellschaft ist die Geschichte des Klassenkampfes."[21] Die Grundüberzeugung von Adolph Kolping dagegen war die Zuwendung zum Nächsten. Diese Nächsten hatte Kolping als junger Schuhmacher auf seiner Wanderschaft persönlich kennengelernt. Er war entsetzt über die menschenunwürdigen Lebensbedingungen und Lebensweisen der meisten Handwerksgesellen.

Da er krank wurde, musste er das Handwerk aufgeben, was sich als Chance erwies. Er konnte mit 24 Jahren aufs Gymnasium, anschließend Theologie studieren und Priester werden. Im Studium lernte er auch den Sozialbischof Wilhelm Emmanuel von Ketteler kennen. Als Priester kam er dann in sein Element und wurde der große Organisator der Gesellenvereine. Aus ihnen entstand das Kolpingwerk, das sich heute rund um den Globus erstreckt. Der Marxismus hat sich als Irrtum erwiesen, nachdem er Millionen in den Tod gebracht hatte. Kolping lebt, auch wenn es sehr altmodisch klingt. Er hat Sozialgeschichte geschrieben.

Adolph Kolping
(1813–1865)

Aus den Grundlagen des Kolpingwerkes: „Christsein mit Herz und Hand. Jesus Christus hat sich für Arme und Schwache eingesetzt. Er ruft uns auf, Unrecht in Gesellschaft und Kirche beim Namen zu nennen und dagegen anzugehen."

▶ Noch ein Stück rheinaufwärts kommen wir in das Dorf Pützchen.

Isa Vermehren

Kabarettistin und Ordensfrau

Auf dem Friedhof von Pützchen ist das Grab einer erstaunlichen Frau zu sehen: Isa Vermehren. Ihr Leben verlief durch drei K's: Kabarett, Konzentrationslager, Kloster. Sie hat zwar nicht viel zur Entwicklung der europäischen Kultur beigetragen, aber sie ist ein typisches Beispiel eben dieser Kultur im 20. Jahrhundert.

Isa Vermehren stammte aus einer evangelischen, wohlhabenden Familie aus Lübeck und wurde dort 1918 geboren. Mit fünfzehn Jahren zeigte sie Eigenwillen und verweigerte in der Schule der Hakenkreuzfahne den gebotenen Gruß. Sie flog aus der Schule und zog mit der Mutter nach Berlin. Dort entdeckten aufmerksame Betreiber des Kabaretts „Die Katakombe" das clevere, begabte Mädchen, engagierten sie als Sängerin mit der Ziehharmonika, und sie wurde bekannt, auch weil sie Nazigrößen durch den Kakao zog. Einmal war es der Song „Eine Seefahrt, die ist lustig, eine Seefahrt, die ist schön". Die Schallplatte mit dem Lied wurde zum Kassenschlager und machte Isa Vermehren deutschlandweit berühmt. Auch die Filmemacher entdeckten sie, sodass sie Karriere im Kino machte. Sogar die Nazis wurden auf sie aufmerksam und beorderten sie als Truppenbetreuerin an die Front. Die Soldaten sollten etwas zum Lachen haben.

Dann gab es eine Wende. Das Kabarett wurde geschlossen, Isa konnte Abitur machen, sie lernte den Hitler-Widerstandskreis um Hanna Solf in Berlin kennen und konvertierte zur katholischen Kirche. Zudem war ein Bruder von ihr im diplomatischen Dienst zu den Briten übergelaufen. Daher kam Isa Vermehren in Sippenhaft in die KZs Ravensbrück, Buchenwald und Dachau. 1945 wurde sie mit rund einhundert Verwandten von Widerstandskämpfern als Geisel

Isa Vermehren
(1918–2009)

genommen. Herausragende Nazis wollten die Geiseln nur freigeben, wenn sie selbst mit dem Leben davonkämen. Die Geiseln wurden nach Südtirol in ein abgelegenes Tal transportiert. Dort befreite sie aber ein mutiger deutscher Offizier.

Nun kam Abschnitt Nummer drei: Isa Vermehren wollte Ordensfrau werden und in ein Kloster eintreten. Sie studierte in Bonn Theologie, Philosophie, Germanistik, Geschichte und Englisch. Nun fand sie Aufnahme im Herz-Jesu-Kloster Pützchen, wo sie viele Jahre lang junge Damen unterrichtete und durch ihre Lebenserfahrung Eindruck machte.

Einer breiten Öffentlichkeit wurde sie durch ihr „Wort zum Sonntag" im deutschen Fernsehen bekannt. Sie war eine der gefragtesten Personen dieser Sendung.

Isa Vermehren starb 2009. Ihr Leben spiegelt die oberflächliche Vorkriegszeit, das Drama des Nationalsozialismus sowie den mutigen Anfang der neuen Bundesrepublik mit vielen Hoffnungen und baldigen Enttäuschungen. Isa Vermehren schreibt in ihrem Buch „Reise durch den letzten Akt":

> „Vergib uns, Herr, was wir einander Entsetzliches angetan haben, dass wir so furchtbar dein Bild im anderen angegriffen und zerstört haben, dass wir die Würde geschändet und die Seele getötet haben. Vergib uns,

wie auch wir denen vergeben wollen, die im Vollzuge des Bösen sich so grausam an uns und unseren Brüdern und Schwestern versündigt haben, und bewahre du uns vor dem vergangenen, gegenwärtigen und zukünftigen Übel – und in das Seufzen der bitteren Reue erklingt aus großer Ferne die trostreiche Antwort von dem ‚Ersten und Letzten, der tot war und wieder lebendig wurde'."[22]

„Wie der Hirsch lechzt nach frischem Wasser, so lechzt meine Seele, Gott, nach dir. Meine Seele dürstet nach Gott, nach dem lebendigen Gott. Wann darf ich kommen und Gottes Antlitz schauen?" (Ps 42,2 f.)

▶ Weiter am Rhein entlang geht es nach Bonn.

Johannes Schauff

Der „Fluchthelfer“

Der hoch engagierte katholische Politiker verhalf unzähligen Menschen, die von den Nationalsozialisten verfolgt wurden, zur Flucht und zur Ansiedelung in Brasilien.

Der Doktor der Rechtswissenschaft war zunächst Fachmann für Siedlungsfragen und Vorstandsmitglied der Gesellschaft zur Förderung der inneren Kolonisation. 1932 wurde er, nur 30-jährig, als jüngster Abgeordneter für die Zentrumspartei in den Reichstag gewählt, musste jedoch schon ein Jahr später aus Deutschland fliehen und kam über Rom nach Brasilien, wo er sich auf dem Land ansiedelte. Dort wuchs seine stark wachsende Familie heran. Nach dem Ende des Zweiten Weltkriegs kam er reich geworden und wirtschaftlich unabhängig nach Deutschland zurück, um beim Aufbau der CDU in Bonn mitzuarbeiten. Ihm wurde von der Regierung Ade-

Johannes Schauff
(1902–1990)

nauer auch ein Ministerium angeboten, was er jedoch ablehnte, weil er seine Unabhängigkeit für den Aufbau der Demokratie in der jungen Bundesrepublik für wesentlicher hielt. Denn am Herzen lag ihm auch eine gute Zusammenarbeit mit der SPD. So war er einer der heimlichen Väter der ersten großen Koalition. Sein Hauptgesprächspartner dafür war Herbert Wehner. Schauffs Engagement erstreckte sich aber auch auf die Aussöhnung zwischen den italienisch- und den deutschsprechenden Südtirolern, hatte er doch auch in Bozen ein Haus.

Und als in Rom das Zweite Vatikanische Konzil stattfand, lud Schauff mit seiner Ehefrau Karin eines Abends die deutschen und die polnischen Bischöfe zu einem gemeinsamen Abendessen in seine Wohnung ein. Er wollte einen Beitrag leisten für die Verständigung und Aussöhnung zwischen den beiden Völkern, die noch weitgehend feindliche Nachbarn waren. Johannes Schauff war ein christlich und sozial denkender Politiker durch und durch. Er starb im Jahr 1990.

Der Apostel Paulus schreibt über seine Flucht: „In Damaskus ließ der Statthalter des Königs Aretas die Stadt der Damaszener bewachen, um mich festzunehmen. Aber durch ein Fenster wurde ich in einem Korb die Stadtmauer hinuntergelassen und so entkam ich ihm." (2 Kor 11,32 f.)

▶ Nun landen wir schließlich in Koblenz, wo sich Rhein und Mosel verbinden.

Joseph Görres

Schreiber der Macht

Napoleon nannte den deutschen Journalisten und Gelehrten Joseph Görres „Die fünfte feindliche Großmacht“. Es gab eine Zeit, in der christlicher Journalismus blühte, besonders auch der von katholischen Journalisten. Dieser kulturelle Beitrag geht zu einem guten Teil auf einen Mann aus Koblenz zurück, auf Joseph Görres. In seiner Jugend hatte er von der Französischen Revolution und anschließend von Napoleon geschwärmt. Er war jugendlich-begeisterungsfähig, aber er war auch bereit zu lernen. Denn diese Schwärmerei sollte umschlagen, als Görres die gewaltsamen Auswüchse der Revolutionäre und die Übergriffe Napoleons auf Deutschland sah.

Joseph Görres (1776–1848)
Lithographie von August Strixner, nach einem Gemälde von Peter von Cornelius

Geboren wurde Görres 1776 in Koblenz, gestorben ist er 1848 in München. Er war umfassend interessiert. So studierte er Naturphilosophie und Medizin, veröffentlichte naturphilosophische Werke und schließlich vier Bände über christliche Mystik. Doch dann wandte er sich gänzlich dem politischen Geschehen zu. Er gründete den „Rheinischen Merkur" und bot dem Freiherrn von Stein und dem General Blücher Platz für die Verbreitung ihrer Ideen. Er kämpfte für Demokratie und Liberalität. So wurde er in München zum Zentrum des politischen Katholizismus.

Joseph Görres: „Das Volk, welches seine Vergangenheit von sich wirft, entblößt seine feinsten Lebensnerven allen Stürmen der wetterwendischen Zukunft."

„Über die Gaben des Geistes möchte ich euch nicht in Unkenntnis lassen [...] Keiner, der aus dem Geist Gottes redet, sagt: Jesus sei verflucht! Und keiner kann sagen: Jesus ist der Herr!, wenn er nicht aus dem Heiligen Geist redet. Es gibt verschiedene Gnadengaben, aber nur den einen Geist. Es gibt verschiedene Dienste, aber nur den einen Herrn. Es gibt verschiedene Kräfte, die wirken, aber nur den einen Gott: Er bewirkt alles in allen. Jedem aber wird die Offenbarung des Geistes geschenkt, damit sie anderen nützt. [...] Das alles bewirkt ein und derselbe Geist; einem jeden teilt er seine besondere Gabe zu, wie er will." (1 Kor 12,1–11)

▶ Wir fahren durch das liebliche Moseltal und kommen nach Trier.

Hieronymus Jaegen

Bankier, Parlamentarier, Mystiker

Im Berliner Reichstag saß ein Hinterbänkler, über den sich Reichskanzler Graf Bismarck immer wieder heftig ärgern musste. Er kam aus dem erzkatholischen Trier, wo die Zentrumspartei das Sagen hatte. Er war Maschinenkonstrukteur, Bankdirektor und Landtagsabgeordneter. Zudem soll er ein mystischer Beter gewesen sein, auf den sogar Edith Stein später besonders hinwies.

1841 war Hieronymus Jaegen geboren worden, hatte in Berlin studiert, nahm dann aktiv als einfacher Soldat am Preußisch-Österreichischen und am Deutsch-Französischen Krieg teil, kämpfte mit in der Schlacht bei Königgrätz.

Dann aber galt Jaegens Kampf den Gesetzen Bismarcks zur Knebelung der katholischen Kirche. Sie regelten Ausbildung und Prüfung der katholischen Priester, gaben dem Staat die Möglichkeit, Bischöfe abzusetzen, Priester des Landes zu verweisen und Orden zu verbieten. Jaegen aber kümmerte sich in Trier um die Anliegen der Bauern und Winzer, gründete den „Verband der Katholiken in Wirtschaft und Verwaltung“, leitete ein Heim für arme Dienstboten, engagierte sich als Treuhänder katholischer Schulen. Alles gratis und ohne Honorar. Und abends

Hieronymus Jaegen (1841–1919)

ging es zum Gebet. Seine mystischen Erlebnisse beschrieb er – unter dem Pseudonym Julius Mercator – in dem Buch „Der Kampf um das höchste Gut. Anleitung zur christlichen Vollkommenheit inmitten der Welt“. Nach Jaegens Tod im Jahr 1919 verbreiteten sich seine Ansichten über Gebet und Soziales. Eine Biographie über ihn erzielte eine Auflage von über 10 000 Exemplaren. Noch die Nationalsozialisten kämpften gegen ihn und nannten ihn „eine Verirrung menschlichen Geistes“. Seit 1939 bemühen sich seine Anhänger um seine Seligsprechung.

> HIERONYMUS JAEGEN: „Bemühe dich, ohne Anstrengung, den Tag über oft an Gott zu denken, und wandle so geistig in seiner Gegenwart. [...] Gott ist ja überall zugegen und sieht und hört daher alles, was du denkst, tust und sagst.
> Ziehe die Einsamkeit, den Aufenthalt zu Hause auf deinem Zimmer, auf einsamen Spaziergängen dem Trubel der Welt vor. Du kommst dann mehr zu dir selber, denkst über deinen Seelenzustand nach, überlegst und studierst in guten Büchern, wie du im geistigen Leben vorankommen kannst. [...] Dulde keine Todsünden bei dir, bekämpfe mit Energie deine lässlichen Sünden und verfolge deine Unvollkommenheiten wie der Jagdhund das Wild. Dagegen gewinne die Übung aller Tugenden lieb, besonders derjenigen, die deinen früheren und jetzigen Sünden entgegengesetzt sind. Das Ideal deines Lebens sei dir das Bestreben, im geistigen Leben aufwärtszustreben, und ruhe nicht, bis du schon auf Erden zur innigsten Vereinigung mit dem Dreieinen Gott gelangt bist.“[23]

„Wenn du betest, geh in deine Kammer, schließ die Tür zu; dann bete zu deinem Vater, der im Verborgenen ist! Dein Vater, der auch das Verborgene sieht, wird es dir vergelten.“ (Mt 6,6)

▶ Weiter moselaufwärts kommen wir ins Saarland, und zwar nach Losheim am See, und lernen dort einen weiteren Hitlergegner kennen.

Peter Wust

Philosoph und Hitlergegner

Im Kreis Merzig im Saarland treffen wir einen wenig bekannten Philosophen: Peter Wust. Er wurde 1884 geboren und ist damit etwa gleich alt wie sein Philosophenkollege Martin Heidegger. Seine Eltern hätten gewünscht, dass er Priester würde, aber er wählte Philosophie, Anglistik und Germanistik. Das Wegweisende aber war, dass er sich für einen christlichen Existenzialismus entschied.

Ihn bewegten die französischen katholischen Denker und Schriftsteller Georges Bernanos, Léon Bloy, Paul Claudel und Jacques Maritain. Die Universität Münster berief ihn als Professor, obwohl er sich nie habilitiert hatte. Heimlich war er im Widerstand gegen Adolf Hitler. Er suchte eine kulturelle Offensive der Katholiken gegen Hit-

Peter Wust
(1884–1940)

ler und wollte die Einheit Europas im Zeichen des katholischen Glaubens. Er sah Europa von Reformation und Aufklärung unterwühlt und kämpfte gegen den Bolschewismus. Kurz nach Kriegsbeginn 1939 starb er an Krebs. Vor seinem Tod schrieb er in einem Abschiedsbrief an seine Studenten an der Front:

> „Und wenn Sie mich nun fragen sollten, bevor ich gehe und endgültig gehe, ob ich nicht einen Zauberschlüssel kenne, der einem das letzte Tor zur Weisheit des Lebens erschließen könne, dann würde ich Ihnen antworten: ‚Jawohl.' – Und zwar ist dieser Zauberschlüssel nicht die Reflexion, wie Sie es von einem Philosophen vielleicht erwarten möchten, sondern das Gebet. Das Gebet als letzte Hingabe gefasst, macht still, macht kindlich, macht objektiv."[24]

> *„Sorgt euch um nichts, sondern bringt in jeder Lage betend und flehend eure Bitten mit Dank vor Gott! Und der Friede Gottes, der alles Verstehen übersteigt, wird eure Herzen und eure Gedanken in Christus Jesus bewahren." (Phil 4,6 f.)*

▶ Nun machen wir einen Sprung über die deutsche Grenze und kommen nach Luxemburg. Vor den Toren der Hauptstadt stand die Wiege des Vaters eines geeinten Europas.

Robert Schuman

„Vater Europas“

Den nachdenklichen jungen Katholiken zwischen den Fronten trieb die Frage um: Wie kann Europa nach vielen Kriegen und Konflikten Frieden finden, wie kann es zusammenwachsen? Wie kann ein vom Krieg zerstörtes Europa nach dem Ersten Weltkrieg zur Eintracht geführt und ein neuer Krieg für immer verhindert werden? Zugleich bewegte ihn die Sorge um das Reich Gottes, um das Christentum in Europa. Er wollte für die Staaten Europas Einheit, Frieden, Gerechtigkeit und dazu auch eine geistig-moralische Grundlage. Für ihn war es der Glaube an Jesus Christus.

Der erste „Europäer“ der Neuzeit war gleichzeitig Deutscher, Franzose und Luxemburger. Aus seinem christlichen Denken und politischen Können kommt die Idee eines geeinten Europas. Geboren wurde er – wie man damals sagte – als „Reichsdeutscher“ 1886 im Luxemburger Stadtteil Clausen. Seine Muttersprache war moselfränkisches Deutsch. Er studierte Jura in Bonn, München, Berlin und Straßburg und promovierte 1910 summa cum laude. Nach Abschluss seiner Studien trug er sich mit dem Gedanken, Priester zu werden, blieb aber aus tiefer Überzeugung dann sein Leben lang ehelos. Er war im juristischen und politischen Bereich tätig.

Im lothringischen Metz, das damals noch zu Deutschland gehörte, eröffnete er eine Anwaltskanzlei und wurde 1918 Mitglied des Stadtrates. So war die Kirche auf ihn aufmerksam geworden, und er organisierte 1913 in Metz den Deutschen Katholikentag. Durch die Annexion von Elsass-Lothringen im Jahr 1919 wurde Schuman französischer Staatsbürger und für die Republikanische Union Lothringen sogar Abgeordneter in der französischen Nationalversammlung und zeitweise auch Vizepräsident des Abgeordnetenhauses. Parla-

Robert Schuman (1886–1963)

mentsmitglied blieb er bis zu seiner Verhaftung durch die Gestapo im Jahr 1941. Ein Jahr später gelang ihm die Flucht, er versteckte sich in einem Kloster im Département Ardèche. Nach Kriegsende ließ er sich in Lyon nieder, wo viele vertriebene Moselaner lebten.

Und wieder wurde er in die französische Nationalversammlung gewählt. 1946 wurde er Finanzminister und ein Jahr später für nur ein Jahr Ministerpräsident von Frankreich. Von 1948 bis 1952 hatte er dann das Außenministerium unter sich. In dieser Zeit entstand sein „Schuman-Plan". Am 9. Mai 1950 veröffentlichte er einen Plan für einen Neuaufbau Europas. Er sollte mit der Montanunion als Anfang einer europäischen Föderation beginnen. 1955 wurde auf dem Hintergrund seiner unermüdlichen Werbung die „Straßburger Konvention für Menschenrechte und bürgerliche Grundfreiheiten" von 26 Staaten unterzeichnet. Ein wesentlicher Schritt waren dann 1957 die „Römischen Verträge". Sie gingen zurück auf den „Vater Europas". So war es naheliegend, dass Schuman 1958 zum Präsidenten des Europäischen Parlaments in Straßburg gewählt wurde. 1963 starb Robert Schuman.

„Gebt dem Kaiser, was dem Kaiser gehört, und Gott, was Gott gehört!" (Mk 12,17)

▶ Wir kehren zurück nach Deutschland und landen zunächst in der Pfalz, bei einem seltsamen Anhänger des heiligen Franz von Assisi.

Ingbert Naab

Brief an Adolf Hitler

Bekannt wurde er in ganz Deutschland im Jahr 1932, weil er einen Brief an Adolf Hitler geschrieben hatte und ihn veröffentlichte. Dieser Brief wurde von rund 20 Millionen Menschen gelesen. Im gleichen Jahr prophezeite er: „Wie sie jetzt Hitler mit hysterischer Begeisterung lieben, so werden sie ihn in wenigen Jahren mit Fanatismus hassen und als den Urheber allen Übels bekämpfen."

Der Mann aus Dahn in der Pfalz, geboren 1885, wurde Kapuzinerpater und lebte zunächst im Saarland, in der Pfalz und dann die meiste Zeit in Eichstätt, Regensburg und Passau. Kurz nachdem Hitler den Marsch auf die Feldherrnhalle organisiert hatte und im Gefängnis Landsberg landete, schrieb Pater Ingbert – so sein Ordensname – das Büchlein „Ist Hitler ein Christ?". Denn noch war der Österreicher aus Braunau nur wenigen bekannt, aber schon tauchte seine Rassenlehre auf. Pater Ingbert kritisierte den Rassenwahn und wurde bekannt. Bald wurde er die rechte Hand des Journalisten und Widerständlers Fritz Gerlich und schrieb viele Artikel für die Zeitschrift „Der gerade Weg". Ein Jahr vor der Machtergreifung Hitlers 1933 publizierte Pater Ingbert seinen Brief an den „Führer" und 1934 seine Gedenkschrift an die deutschen Bischöfe. Darin nannte er Hitlers „Mein Kampf" ein „Handbuch der Demagogie". Ab 1933 hieß Ingbert nur noch Peregrinus – der Pilger –, denn er war auf der Flucht vor dem Führer – durch Bayern, die Schweiz, die Tschechoslowakei und Italien. Das Erstaunliche an seiner Flucht war, dass ihm die in Bayern bekannte und stigmatisierte „Resl von Konnersreuth" jeweils riet, wann und wohin er vor der Gestapo fliehen müsse. Jedes Mal kam die Gestapo kurz nach seinem Verschwinden. „Resl" riet ihm

Ingbert Naab
(1885–1935)

schließlich, in die Schweiz zu fliehen. Vor der Grenze wurde ihm der typische Bart rasiert. Er hakte sich bei einer Frau unter, um als reicher Tourist angesehen zu werden.

Bekannt wurden Einzelheiten über diese abenteuerliche Flucht durch die berühmte deutsche Schriftstellerin Luise Rinser in dem Buch „Die Wahrheit über Konnersreuth“. Schon 1935 – zehn Jahre vor Adolf Hitler – starb Pater Ingbert im Kloster Königshofen bei Straßburg. Auch seinen Todesort hatte ihm die „Resl von Konnersreuth“ vorausgesagt.

„Wie sie mich verfolgt haben, so werden sie auch euch verfolgen.“ (Joh 15,20)

▶ Nun kehren wir an den Rhein zurück und beginnen in Bingen.

Hildegard von Bingen

Mystik und Medizin

Bei der Heiligen vom Rhein müssten wir eigentlich mindestens einen Monat Halt machen. Sie ist ein Wunderwerk der Schöpfung.

Moderne Menschen beginnen, sich für Mystik zu interessieren, da der reine Rationalismus seine Grenzen zeigt. Viele Moderne suchen die Mystik freilich lieber im Fernen Osten als bei der Meisterin vom Rhein. Andere postmoderne Menschen versuchen, ihren Körper mit Hildegard-Medizin auf Trab zu halten. Frauen und Männer, die noch mehr gelesen haben, wissen aber auch, dass der Gang ins Kloster damals eine Befreiung von der Herrschaft unter einem Ehemann war, eine Art Emanzipation.

Wir wollen versuchen, das Phänomen Hildegard von Grund auf zu verstehen: Ehefrauen waren jahrhundertelang Eigentum des Ehemannes, sie waren in den allermeisten Fällen völlig von ihm abhängig. Er zeugte viele Kinder, damit seine Erbfolge gesichert war, damit ihn jemand im Alter ernährte. Die Frau musste gebären und starb oft nach der Geburt von zehn oder mehr Kindern. Der Mann heiratete wieder oder ging ein wenig fremd.

Der Gang ins Kloster, in die Ehelosigkeit war eine Art Befreiung. Endlich konnten die Frauen sich dort selbst entfalten, konnten lernen, studieren, nachdenken. Sie konnten sie selbst sein. Die heilige Hildegard machte das Allerbeste aus ihrer Situation. Sie ist ein Meilenstein auf dem kulturellen Weg der Frauenemanzipation.

Kurz die wichtigsten Daten: Geboren wurde sie in einem kleinen Ort in der Nähe des rheinland-pfälzischen Alzey im Jahr 1098, sie starb rund 80-jährig im Kloster Rupertsberg bei Bingen am Rhein. Laut Wikipedia war sie Äbtissin, Dichterin, Komponistin, schrieb

Hildegard von Bingen (1098–1179)

Werke über Religion, Medizin, Musik, Ethik, Kosmologie. Kirchlich gesehen kann man auch darauf hinweisen, dass sie Seelsorgereisen gemacht und gepredigt hat. Die katholische Kirche erklärte sie in der Moderne zur Kirchenlehrerin.

Wir wollen ihr noch ein wenig nachspüren, um zu zeigen, welchen Einfluss sie hatte für die Entwicklung der Kultur Europas. Ausgangspunkt ihrer speziellen Weisheit waren ihre Visionen. Diese wurden natürlich oft skeptisch gesehen. Heute würden viele die Nase rümpfen über Visionen. Damals waren höchstens Theologen skeptisch, wenn jemand sagte, er habe eine Vision gehabt. Man fürchtete, der Teufel verführe einen Christen durch teuflische Gedanken und eben Visionen.

Hildegard fragte sich auch selbst, ob denn ihre Visionen von Gott kämen. Sie wandte sich daher an keinen Geringeren als an den Gründer des Zisterzienserordens, Bernhard von Clairvaux. Er schreibt ihr: „Was uns angeht, so ermahnen und beschwören wir dich, sie [die Visionen] als Gnade zu erachten und ihr mit der ganzen Liebeskraft der Demut und Hingabe zu entsprechen." Sie fragte schließlich bei Papst Eugen III. an, ob sie ihre Visionen veröffentlichen dürfe. Er erlaubte es. Sie hatte dennoch Zweifel, ob sie die Visionen wirklich niederschreiben sollte, und wurde über diesen Zweifeln schwer krank.

Hildegard wurde weithin bekannt. Sie predigte die Umkehr zu Gott unter anderem in Mainz, Würzburg, Bamberg, Trier, Metz, Bonn und Köln. Kaiser Barbarossa soll sich mit ihr in Ingelheim getroffen haben.

Hildegard war ein Meilenstein in der Befreiung von Vorurteilen gegen Frauen, auch wenn es in der Kirchengeschichte immer wieder Rückschläge gab und gibt.

Später aber schrieb sie in ihrem bekannten Buch „Scivias":

„Endlich bewegt durch vielerlei Krankheit [...] gab ich meine Hand dem Schreiben anheim. Während ich's tat, spürte ich [...] den tiefen Sinn der Heiligen Schrift; und ich erhob mich so von der Krankheit durch die Stärke, die ich empfing, und brachte dies Werk zu seinem Ende – ebenso – in zehn Jahren [...]. Und ich sprach und schrieb diese Dinge nicht aus Erfindung meines Herzens oder irgendeiner anderen Person, sondern durch die geheimen Mysterien Gottes, wie ich sie vernahm und empfing von den himmlischen Orten. Und wieder vernahm ich eine Stimme vom Himmel, und sie sprach zu mir: Erhebe deine Stimme und schreibe also!“[25]

„Danach aber wird Folgendes geschehen: Ich werde meinen Geist ausgießen über alles Fleisch. Eure Söhne und Töchter werden Propheten sein, eure Alten werden Träume haben und eure jungen Männer haben Visionen. Auch über Knechte und Mägde werde ich meinen Geist ausgießen in jenen Tagen.“ (Joël 3,1 f.)

▶ Von Bingen ist es nur ein Sprung nach Mainz.

Wilhelm Emmanuel von Ketteler

Sozialbischof

Bischöfe und Priester sollen nicht Politik machen, sondern Seelsorger sein. Wenn sie sich in die Politik einmischen, missbrauchen sie ihr Amt und ihre Autorität. Politische Gegner werfen ihnen dann zu Recht Missbrauch ihrer amtlichen, geistlichen Autorität vor.

Das ist die Ansicht heute. Dennoch ist diese Ansicht zu differenzieren. Denn: Hat nicht auch Papst Johannes Paul II. sein Amt gebraucht, um der Gewerkschaftsbewegung „Solidarnosz" in Polen zu helfen, hat er nicht wesentlich dazu beigetragen, den Kommunismus zu überwinden?

Man kann es nicht leugnen. Schon sein erster Auftritt gleich nach seiner Wahl zum Papst konnte und sollte politisch verstanden werden. Er rief der jubelnden Menge auf dem Petersplatz und den jubelnden Polen an den Bildschirmen zu: „Habt keine Angst!" – „Non avete paura!" Diesen Ruf konnte jeder politisch denkende Mensch als Aufruf an sein Volk verstehen, keine Angst vor Moskau zu haben.

Und war Jesus Christus unpolitisch? – Es ging ihm um das Reich Gottes, nicht um Politik. Aber die Hohepriester fürchteten, seine Volksbewegung werde die römische Besatzung zwingen, das jüdische Volk niederzuwerfen. Daher lieferten sie Jesus an Pilatus aus. Ihr Argument: Besser es stirbt einer als das ganze Volk.

Bischof Wilhelm Emmanuel von Ketteler kämpfte mit Wort und Schrift als Bischof von Mainz gegen die Armut und Ausbeutung der Landbevölkerung und der Arbeiter. War er somit Politiker? Er hatte

Wilhelm Emmanuel von Ketteler
(1811–1877)
Lithografie um 1865

an seinen vorhergehenden Stellen als Seelsorger das Elend vieler aus der Nähe kennengelernt.

Geboren wurde der „Arbeiterbischof" 1811, gestorben ist er 1877. Zunächst studierte er Jura und wurde Gerichtsreferendar. Wegen der Verhaftung des Kölner Bischofs quittierte er den Staatsdienst, studierte Theologie und wurde Priester. Der Bischof von Köln hatte sich mit Berlin wegen der Vorschriften über die Erziehung der Kinder aus konfessionsverschiedenen Ehen angelegt und war deshalb abgesetzt worden. Ketteler stellte sich auf die Seite des Bischofs und wurde bald von der Bevölkerung „Bauernpastor" genannt. So war es kein Wunder, dass er 1848/49 in die Nationalversammlung der Frankfurter Paulskirche gewählt wurde. Kurz war dann seine Zeit als Propst der Hedwigskirche in Berlin, denn bald darauf wurde er zum Bischof von Mainz gewählt. Zwanzig Jahre später saß er im Reichstag und gründete zusammen mit Ludwig Windthorst die Zentrumspartei. In Mainz klagte er gegen staatliche Bestimmungen zur Ausbildung der Priester, wurde deswegen zu Festungshaft verurteilt. Ketteler stand dann im Zentrum des Kulturkampfs zwischen Bismarck und der katholischen Kirche. Da er aber vor allem die Not der Industriearbeiter kannte, wurde er zu einem der Begründer der katholischen Soziallehre. Für ihn galt: Eigentum verpflichtet. Er nutzte sein Amt als Bischof und seine Autorität in sozialen, politischen Fragen. Er machte indirekt Sozialpolitik. Schließlich war er Altersgenosse von Karl

Marx und Adolph Kolping und stammte wie sie aus katholischen Landen.

Wilhelm Emmanuel von Ketteler: „Der Einfluss der Presse auf die Entwicklung aller Verhältnisse der Gegenwart, auf die Denkweise und Gesinnung der Menschen ist unermesslich und fortwährend im Wachsen. Ihr Lob ist vielfach für Volksvertreter und Staatsmänner der höchste Lohn, ihr Tadel das größte Unglück."

„Vergesst nicht, dass Solidarität, in ihrem tiefsten Sinn verstanden, ein Mittel ist, Geschichte zu schreiben." (Papst Franziskus)

▶ Wir bleiben auf der sozialen Linie und kommen nach Frankfurt am Main.

Oswald von Nell-Breuning

„Nestor der katholischen Soziallehre“

Der Sozialwissenschaftler und Jesuit leistete einen wesentlichen Beitrag zum Aufbau der sozialen Marktwirtschaft in Deutschland. Auf ihn gehen große Teile des Godesberger Programms der Sozialdemokratischen Partei Deutschlands zurück. Er hatte Verständnis sowohl für die Abhängigkeit der Industriearbeiter als auch für die Interessen der Unternehmen. Dass das Nachkriegsdeutschland gerecht und wirtschaftlich so schnell in die Höhe kam, geht zum Teil auf seine theoretischen Studien zur Markt- und Sozialordnung zurück. Seine Basis war die katholische Soziallehre.

Nell-Breuning wurde 1890 in Trier geboren und starb mit 101 Jahren im Jahr 1991 in Frankfurt. Seine Promotion trägt den Titel „Grundzüge der Börsenmoral“. Seine zentrale These brachte er auch in die päpstliche Sozialenzyklika „Quadragesimo anno“ ein: In ihr vertrat er die Gleichwertigkeit von Lohnarbeit und Kapital, die Sozialverantwortung des Eigentums. Er suchte eine neue Gesellschaftsordnung über Kapitalismus und Sozialismus hinaus.

Oswald von Nell-Breuning (1890–1991)

Während der Zeit des Nationalsozialismus hatte Nell-Breuning von 1936 bis 1945 Schreib- und Publikationsverbot. Er wurde sogar zu einer Zuchthausstrafe verurteilt, musste diese aus „Gesundheitsgründen" aber nicht antreten. Nach dem Krieg engagierte er sich für gerechten Lohn, Streikrecht der Gewerkschaften, Vermögenspolitik, Unternehmensverfassung. Arbeitnehmer sollten gleichberechtigte Partner der Unternehmer und besser in die Industriegesellschaft integriert sein. Er beriet lange Zeit den Deutschen Gewerkschaftsbund und förderte die Einheitsgewerkschaft, weil sie absah von politisch-weltanschaulichen Fragen.

Hintergrund war sein christliches Menschenbild, die unantastbare, von Gott gegebene Würde des Menschen. Als ihm ein Gratulant zu seinem 100. Geburtstag noch ein paar gute Jahre wünschte, reagierte Nell-Breuning mit den Worten: „Nein, das ist mir zu wenig, ich will ewig leben."

> In der Pastoralkonstitution „Gaudium et spes" des Zweiten Vatikanischen Konzils heißt es in Nr. 69: „Gott hat die Erde mit allem, was sie enthält, zum Nutzen aller Menschen und Völker bestimmt; darum müssen diese geschaffenen Güter in einem billigen Verhältnis allen zustattenkommen; dabei hat die Gerechtigkeit die Führung, Hand in Hand geht mit ihr die Liebe. [...] Immer gilt es, achtzuhaben auf diese allgemeine Bestimmung der Güter. Darum soll der Mensch, der sich dieser Güter bedient, die äußeren Dinge, die er rechtmäßig besitzt, nicht nur als ihm persönlich zu eigen, sondern muss er sie zugleich auch als Gemeingut ansehen in dem Sinn, dass sie nicht ihm allein, sondern auch anderen von Nutzen sein können."

▶ Wir bleiben in der Region rund um Mainz, gehen aber um 500 Jahre zurück.

Pierre Favre
Katholischer Reformator

Papst Franziskus nannte diesen Jesuiten seinen liebsten Mitbruder. Favre war eine „schlichte Seele“ aus den Bergen von Savoyen, geboren 1506, und hatte während der Reformationszeit in Deutschland dennoch unglaubliche Strahlkraft auf Theologen, Bischöfe und Fürsten. Kein Wunder also, dass ihn Papst Paul III. 1541 als seinen Vertreter auf die Reichstage von Worms und Regensburg schickte. Er war damals erst 34 Jahre alt. Favre war erschüttert über die kirchliche Dekadenz im deutschen Reich. Vornehmliches Anliegen war ihm daher nicht der Kampf gegen Lutheraner, sondern die Umkehr besonders des katholischen Klerus. Seine Hauptwirkungsstätten waren Speyer, Mainz, Köln und Regensburg. Er wurde vielen zum Freund und riss sie mit – vor allem durch die ignatianischen Exerzitien.

In Rom hatte Ignatius von Loyola, der Gründer des Jesuitenordens, vorher die Fähigkeiten von Favre erkannt. Er schickte ihn daher zunächst zur Kirchenerneuerung nach Spanien. Doch das dauerte nicht lange, denn der Papst wollte ihn wieder in Deutschland haben. Es ging vor allem darum, den Erzbischof von Köln zu überzeugen, nicht zur Reformation zu wechseln. Favre gewann in Köln viele Anhänger unter den Priestern. Sein größter „Fang“ war der heilige Petrus Canisius, der dann der eigentliche katholische Reformator nördlich der Alpen wurde. Doch 1544 ging es nochmals nach Spanien, wo Favre durch seine überzeugenden Predigten in vielen Städten Massen in die Kirchen zog. Der König von Portugal war von Favre so beeindruckt, dass er die Jesuiten ins Land rief. Favre war ein reformierender Seelenfänger. Der portugiesische König kam sogar auf die Idee, Favre zum Patriarchen von Äthiopien zu machen. Doch

Pierre Favre (1506–1546)

das wurde dem frommen Mann dann doch erspart. Schließlich schickte Papst Paul III. Pierre Favre im Jahr 1546 als Peritus auf das Konzil von Trient.

Als er zu Tode erschöpft in Rom ankam, starb er 40-jährig in den Armen von Ignatius. Er hatte Tausende Kilometer zu Fuß zurückgelegt und dabei ununterbrochen Engel und Heilige angerufen, damit sie die Menschen zu Christus führten. Nachzulesen ist sein geistliches Leben in seinen Aufzeichnungen, dem „Memoriale".

Peter Faber war ein besonderer Beter. Eines Tages notierte er, für wen er besonders beten wollte:

> „[...] den Papst, den Kaiser, den König von Frankreich und den König von England, Luther, den Sultan, Bucer und Philipp Melanchthon. Anlass dazu hatte mir die innere Einsicht gegeben, dass so viele Leute über diese Männer urteilen, weshalb ich ein gewisses Mitgefühl mit ihnen bekam, das von gutem Geist begleitet war."[26]

▶ Nun besuchen wir den weltweit wohl bekanntesten Mainzer.

Johannes Gutenberg

„Mann des Jahrtausends“

Das Genie aus Mainz vollzog durch den massenhaften Druck von Büchern eine Kulturwende. Und da Johannes Gutenberg vor allem die Bibel druckte, trug er wesentlich zur Verbreitung des Evangeliums bei. Die beweglichen Lettern und die Druckerpresse schufen eine neue Welt. Wissen, Gedanken und Meinungen konnten in kürzester Zeit weit verbreitet werden. Ohne Gutenberg wäre Martin Luther ein Lokaltheologe geblieben, den man bald vergessen hätte. Im Jahr 1999 wurde Gutenberg zum „Mann des Jahrtausends“ gekürt, denn die Buchdruckerkunst durch bewegliche Lettern wurde als die bedeutendste Erfindung des zweiten Jahrtausends nach Christus erklärt.

Inwieweit Gutenberg vom Glauben an Jesus Christus motiviert war, ist den vorhandenen Quellen kaum zu entnehmen. Aber er war natürlich ein Kind seiner Zeit, in der der Glaube an Jesus Christus Grundstein gesellschaftlichen und politischen Lebens war.

Geboren wurde der Mainzer Patriziersohn vermutlich im Jahr 1400, gestorben ist er 1468. Bis zu seiner Zeit wurden auch Buchseiten mit Buchstaben „gesetzt“, aber sie waren nicht beweglich. Mit Gutenbergs beweglichen Lettern konnten immer neue Schriften gesetzt und gedruckt werden. Sein wichtigster Druck ist die „Gutenberg-Bibel“.

„Die Entwicklungen Gutenbergs leiteten eine dritte Medienrevolution – nach Ausbildung der Sprache und Erfindung komplexer Schriftsysteme – ein. Durch das Verfahren mit beweglichen Lettern konnten Bücher schneller, billiger und in größeren Mengen hergestellt werden als zuvor. Druckerzeugnisse gehörten bald zum Alltag und lösten die Handschriften ab. Der Humanismus und die Refor-

Johannes Gutenberg
(1400–1468)
Kupferstich von 1584

mation wurden durch den Buchdruck nicht unwesentlich beeinflusst, er ermöglichte erst deren weite Verbreitung. Das System trug zur Alphabetisierung bei, indem es Texte und somit auch Bildung wesentlich mehr Menschen als zuvor zugänglich machte. Für verschiedene Medienwissenschaftler leitet deswegen die Erfindung aus der Gutenberg-Druckerei einen neuen Zeitabschnitt der Medienentwicklung ein, so zum Beispiel bei Vilém Flusser oder Marshall McLuhan und seiner ‚Gutenberg-Galaxis'."[27]

▶ Jetzt geht es vom Rhein-Main-Gebiet ein Stückchen nach Norden, und zwar nach Fulda.

Bonifatius

Der Eichenfäller

Wo sonst als in Fulda trifft man den „Apostel der Deutschen“, den heiligen Bonifatius? Seltsamerweise war seine eigentliche Heimat, das heutige England, schon früher von christlichen Missionaren erreicht worden als Mitteleuropa. Winfried – so hieß Bonifatius früher – versuchte, den oberflächlich christianisierten Franken das Evangelium gründlicher nahezubringen. Freilich traf er in Germanien machtversessene Grundherren, faule Kleriker ohne Moral, trinkfeste, kriegerische Bischöfe mit Geliebten. Sein Missionsgebiet waren Friesland, Hessen, Thüringen und Bayern. Geboren worden war Bonifatius im Jahr 672.

Um sein Ziel zu erreichen, gründete er einige Klöster – unter anderem das Kloster Fulda – sowie die Bistümer Würzburg, Eichstätt, Erfurt und Büraburg bei Fritzlar, und er ordnete die Bistümer Regensburg, Passau, Salzburg und Freising neu. Er selbst erhielt von Rom das Bistum Mainz und wurde nach seiner Romreise im Jahr 719 Missionserzbischof und päpstlicher Legat für Germanien. Seine Tätigkeit bestand vor allem in einer guten Neuorganisation und Anbindung an den Bischof von Rom. Das Ziel aber war die Vertiefung des oberflächlichen Christentums. Die Kontrahenten, mit denen er sich streitig auseinandersetzte, waren fränkische Adelige und Bischöfe.

Das bekannteste Ereignis in Bonifatius’ Leben ist die Fällung der Donar-Eiche bei Geismar. Sie war dem Gott Donar geweiht und wurde von den dort lebenden Friesen göttlich verehrt. Für Bonifatius war das Götzendienst, daher fällte er sie vor den Augen vieler Donar-Anhänger, die meinten, Bonifatius werde von ihrem Gott sofort erschlagen werden. Da dies aber offensichtlich nicht eintrat, waren die Friesen tief beeindruckt.

Hl. Bonifatius (672–754)

Bonifatius wollte vielleicht als Märtyrer sterben, um so auch nach seinem Tod ein himmlischer Schutz für die Christen zu sein. Er wurde tatsächlich im Jahr 754 in Friesland von Gegnern der Christianisierung erschlagen. Seit dem 16. Jahrhundert wird er als „Apostel der Deutschen“ verehrt.

BONIFATIUS: „Wer die finsteren Winkel der Völker Germaniens durchziehen muss, würde in die Schlinge des Todes fallen, wenn er nicht als Leuchte für die Füße und als Licht auf seinen Wegen das Wort Gottes hätte.“

▶ Nehmen wir den Aufenthalt in Fulda und bei Bonifatius zum Anlass, über das Bildungswesen im Mittelalter und in der frühen Neuzeit nachzudenken.

Die Dom- und Klosterschulen

Träger des Bildungswesens

Bischöfe, Äbte und Ordensvorsteher waren bis in die Zeit der Reformation so etwas wie Kultusminister. Sie waren für die Bildung – einer gewissen Schicht der Bevölkerung – verantwortlich. Damit das öffentliche Leben über das ganze Land funktionierte, musste wenigstens eine Minderheit in der Lage sein, Briefe, Verordnungen und Bücher zu lesen und zu schreiben, Jahre, Monate, Tage und Geld zu zählen, Zahlen zu addieren, Rechnungen zu schreiben.

Den Anfang des Bildungswesens nördlich der Alpen machten die Benediktinerklöster mit ihren Schulen. An ihnen wurden die philosophischen und theologischen Schriften der alten Griechen und Römer gelesen, abgeschrieben, kommentiert und übersetzt. Ihnen ging es vor allem darum, dass die jungen Mönche lesen und schreiben lernten und damit auch in der Lage waren, Musiknoten zu lesen und Choräle zu singen. Zum benediktinischen „Ora et labora" gehörte nicht nur Hand-, sondern auch Geistesarbeit.

Um das Jahr 800 legte Kaiser Karl der Große höchsten Wert darauf, dass auch an den Kathedralen der Bischöfe im ganzen Reich Domschulen entstanden. Sie wurden daher auch Kathedralschulen genannt. In ihnen lernten nicht nur Kleriker, sondern auch Nichtkleriker das Lesen und Schreiben, Mathematik und lateinische Grammatik.

Bedeutende Domschulen im Kaiserreich gab es unter anderem in Köln, Speyer, Würzburg, Bamberg, Magdeburg, Hildesheim und Freising. Gelehrt wurden an ihnen die sogenannten sieben freien Künste. Das bedeutete zunächst Grammatik, Dialektik (die Kunst guter Gesprächsführung) und Rhetorik (die Kunst, den Gegenüber zu überzeugen). Dazu kamen vier weitere Fächer: Arithmetik, Geometrie, Astronomie und Musik.

Mit der Reformation gab es einen Bruch. Durch die Kunst des Buchdrucks und die Bibelübersetzung von Martin Luther wurde Lesen und Schreiben das Kulturgut eines großen Teils der Bevölkerung, bis dann mit der Weimarer Verfassung die allgemeine Schulpflicht in Deutschland eingeführt wurde. Angefangen aber hat das Bildungswesen nördlich der Alpen mit dem Christentum.

▶ Wenige Kilometer südlich von Fulda kommen wir ins Frankenland. Hier gibt es rund um Würzburg einige religiöse Traditionen. Eine davon ist die Wallfahrt auf den Kreuzberg.

Der fränkische Kreuzberg

Moderne Fußwallfahrten

Die Pilgerreisen begannen zur Zeit des Dreißigjährigen Krieges, als der Tod wütete, und sie bringen bis heute Tausende von Menschen auf die Beine. Seit der Weg nach Santiago de Compostela und die Liebe zu Natur und Gesundheit wieder in Schwung kamen, kommen immer wieder Beter und Pilger aus vielen Orten Frankens zum Kreuzberg. Es dreht sich dabei um Bruderschaften, die jedes Jahr im August bei den Fußwallfahrten betend auf den „heiligen Berg" des Kreuzes marschieren. In den sogenannten Bruderschaften haben natürlich heute die Frauen das meiste zu sagen.

▶ Wenn wir nun in das Würzburger Burggefängnis hinuntersteigen, lernen wir, wo ein fränkisches Genie gereift ist.

Tilman Riemenschneider

Mystik aus Holz und Stein

Die Künstler, die europäische Kultur schufen, waren oft in gesellschaftliche Konflikte verwickelt – so auch der fränkische Bildhauer Tilman Riemenschneider. Rund um ihn drehten sich die geistigen Auseinandersetzungen in Reformation und Bauernkrieg. Er zeigt in seinen Figuren das Suchen nach dem richtigen, ehrlichen Christentum – gegen Machthaber, Gewinnsucht, Gewalt.

Geboren wurde der Mann vermutlich um 1460 in Heiligenstadt im Eichsfeld. Seinen Wohnsitz und seine große Werkstatt fand er etwa 20-jährig in Würzburg. Er stieg neben seinem Kunsthandwerk zum Ratsherrn und Bürgermeister auf. Im Zusammenhang mit den Bauernaufständen und dem Krieg der Bürger gegen den Fürsten kam Riemenschneider auch ins Gefängnis auf der Würzburger Marienburg, wurde vielleicht sogar gefoltert. Gegen Bezahlung durch die Hälfte seines großen Vermögens wurde er freigelassen. Er starb etwa 70-jährig in Würzburg. Auf Riemenschneiders Altären sieht man den niedergeschlagenen Gekreuzigten. Die Menschen um ihn sind in tiefer Trauer. Riemenschneider zeigt, wohin die Reform der Kirche gehen sollte. Seine Stein- und Holzplastiken sind Medien, keine Massenmedien zur Meinungsbildung, sondern helfen zu Denkanstößen.

„Und alle Geschöpfe im Himmel und auf der Erde, unter der Erde und auf dem Meer, alles, was darin ist, hörte ich sprechen: Ihm, der auf dem Thron sitzt, und dem Lamm gebühren Lob und Ehre und Herrlichkeit und Kraft in alle Ewigkeit." (Offb 5,13)

Tilman Riemenschneider
(um 1460–1531)
Selbstporträt

▶ Weiter im Osten von Würzburg den Main aufwärts wird es herrschaftlicher und gleichzeitig auch bürgerlicher in einer der geschichtsträchtigsten deutschen Städte, in Bamberg.

Heinrich und Kunigunde

Heiliges Kaiserpaar

In der Bischofsstadt bekommen wir eine Audienz bei dem heiliggesprochenen Kaiserpaar Heinrich und Kunigunde. Sie ragen wohl durch ihre Lebensführung aus der Reihe deutscher Kaiser heraus. Politisch haben sie zur Festigung des deutschen Kaisertums und zur Stärkung des Bandes zwischen Kirche und Reich beigetragen. Freilich verstand sich Heinrich auch darauf, durch Klöster und Bischöfe die kaiserliche Herrschaft zu stärken. Er gilt als Realpolitiker.

Zum König gewählt und anschließend gesalbt wurde Heinrich im Jahr 1002 im Mainzer Dom. Die größte langfristige Bedeutung hatten Heinrich und Kunigunde durch die Gründung des Bistums Bamberg. Freilich musste dazu mühsam die Zustimmung der Bischöfe von Würzburg und Eichstätt erreicht werden. Erst zwölf Jahre nach der Königskrönung wurden Heinrich und seine Frau Kunigunde in Rom zum Kaiser und zur Kaiserin gekrönt. Vorher hatte Heinrich einen Krieg mit dem polnischen Herrscher auszutragen. Nach seiner Kaiserkrönung gab es einen Konflikt mit dem Kaiser von Byzanz. Dieser wollte seine Macht in Süditalien festigen und ausbauen. Davor fürchtete sich Papst Benedikt VIII. und kam daher nach Bamberg, um Heinrich um Intervention in Süditalien zu bitten. Heinrich ließ sich überzeugen und ging 1021 nochmals nach Italien, um die Anliegen des Papstes zu verfolgen. 1024 starb Heinrich.

Die Ehe von Heinrich und Kunigunde blieb kinderlos. Da sie aber beide noch zu Lebzeiten als besonders gläubig und fromm galten – Heinrich wurde schon damals „der Fromme“ genannt –, wurde er bereits 1146 heiliggesprochen. Erst rund 50 Jahre später wurde auch Kunigunde dieselbe Ehre zuteil.

Hl. Heinrich (um 973–1024) und hl. Kunigunde (um 980–1033)
Zeitgenössische Darstellung

Auch wenn die Absichten des Kaiserpaares vielleicht nicht immer ganz dem Evangelium entsprachen, so spielten Heinrich und Kunigunde doch für die Festigung des Glaubens durch die Gründung des Bistums Bamberg und durch die Hilfe für die Päpste eine bedeutende Rolle. Sie lebten eben in einer Zeit, die völlig anders dachte als die Christen im 21. Jahrhundert.

> *„Verleih dein Richteramt, o Gott, dem König, dem Königssohn gib dein gerechtes Walten. Er regiere dein Volk in Gerechtigkeit und deine Elenden durch rechtes Urteil. Dann tragen die Berge Frieden für das Volk und die Hügel Gerechtigkeit. Er schaffe Recht den Elenden des Volks, er rette die Kinder der Armen, er zermalme die Unterdrücker.“*
> *(Ps 72,1–4)*

▶ Und jetzt geht's ein wenig nordwärts, und wir landen bei einem Kranz mit vierzehn Perlen.

Vierzehnheiligen
Juwel auf dem Lande

Die herrliche barocke Basilika geht zurück auf die Vision eines Schäfers im Jahr 1445. Er sah auf freiem Feld ein Kind, umgeben von vierzehn weiteren Kindern. Das zentrale Kind sagte dem Schäfer: „Wir sind die vierzehn Nothelfer und wollen eine Kapelle, auch gnädiglich hier rasten." Nach dem Bericht des Schäfers errichtete man ein Kreuz, und wenig später sei eine Frau kurz vor dem Sterben nach der Anrufung der vierzehn Nothelfer wunderbar geheilt worden. Drei Jahre darauf baute die Bevölkerung hier eine Kapelle, die jedoch 50 Jahre später im Bauernkrieg zerstört wurde. Erst nach 200 Jahren machte sich der bekannte Baumeister Balthasar Neumann an den Bau der heutigen Basilika.

In den letzten Jahrzehnten kamen jährlich bis zu einer halben Million Wallfahrer und Touristen nach Vierzehnheiligen. Jedes Jahr machen sich fast 200 Gruppen auf den Weg. Wallfahrten tagelang zu Fuß oder mit dem Fahrrad sind wieder modern. Es lockt die Kunst, die oberfränkische Gastronomie und die Tradition. Seit der Wiedervereinigung Deutschlands kommen vor allem auch die Katholiken aus dem Eichsfeld.

„Viele Nationen machen sich auf den Weg. Sie sagen: Kommt, wir ziehen hinauf zum Berg des Herrn und zum Haus des Gottes Jakobs. Er zeige uns seine Wege, auf seinen Pfaden wollen wir gehen. Denn von Zion kommt die Weisung des Herrn, aus Jerusalem sein Wort." (Jes 2,3)

▶ In der alten fränkischen Kulturstadt Nürnberg kommen wir in die Werkstatt eines bedeutenden Künstlers.

Albrecht Dürer
Attraktion der Museen

Was wären deutsche Museen ohne Albrecht Dürer, was wäre Nürnberg ohne Albrecht Dürer, was wäre die Malerei der Welt ohne Albrecht Dürer? Es ist wohl nicht übertrieben zu sagen: Sie wären ganz anders oder fast nichts. Man kann aber auch sagen: Was wäre Albrecht Dürer ohne seinen christlichen Glauben!

Der deutsche Kunstgeschichteprofessor Damian Dombrowski schreibt dazu: „Dürer war ein tiefgläubiger Mensch. Einer, der in Zeiten eines immer deutlicher sich abzeichnenden Epochenbruchs gelebt und diesen Bruch ausgehalten, ja mitgestaltet hat. Er fragte sich angesichts von Naturkatastrophen nach dem Willen Gottes, setzte sich als Porträt selbst in seine religiösen Kompositionen hinein, zum Beispiel auf dem Landauer Altar in Wien, dem ‚Rosenkranzfest'

Albrecht Dürer (1471–1528)
Selbstbildnis im Alter von 26 Jahren (1498)

in Prag und schenkte der Kunst mit seinen Holzschnitten und Kupferstichen einen ikonographischen Schatz, von dem die europäische Kunst jahrhundertelang zehrte. Insbesondere die graphischen Zyklen der ‚Kleinen Passion' und der ‚Großen Passion' zeigen Dürer als einen Künstler, der das Leiden und Sterben Jesu Christi in einer Tiefe durchdacht hat, die heute noch überwältigend ist. Zugleich war er ein ungewöhnlich freiheitsliebender Mensch, der gern Konventionen hinter sich ließ, sicherlich auch kirchliche, wenn er sie für sich als falsch erkannt hatte."

Geboren wurde Albrecht Dürer 1471 in Nürnberg, gestorben ist er 1528 ebenso in Nürnberg. Reisen führten ihn zu Künstlerkollegen ins Elsass, nach Venedig, an den Niederrhein, in die Niederlande. Er war Maler, Grafiker, Mathematiker, Kunsttheoretiker, schuf Gemälde, Zeichnungen, Kupferstiche, Holzschnitte. Was wäre die Kulturlandschaft Europas ohne Albrecht Dürer? Jedenfalls wesentlich weniger. Viele deutsche Geldscheine sind mit Porträts von ihm geziert.

„Da kam der Mann, der von seinem Herrn fünf Talente erhalten hatte, brachte fünf weitere und sagte: Herr, fünf Talente hast du mir gegeben; sieh her, ich habe noch fünf dazugewonnen. Sein Herr sagte zu ihm: Sehr gut, du bist ein tüchtiger und treuer Diener." (Mt 25,20 f.)

▶ Kurz müssen wir noch in den Oberpfälzer Steinwald nach Konnersreuth. Das erwarten einige Fans, und die Skeptiker kommen zögernd mit.

Theresia Neumann

Die „Resl von Konnersreuth"

Das kleine Dorf ist bekannt durch seine „Resl". So wurde Theresia Neumann von Millionen Menschen genannt, die sie meistens bewunderten, teilweise ablehnten. Wichtig ist sie für unsere Rundreise, weil es gut ist, sich auch als moderner Christ mit seltsamen religiösen Phänomenen auseinanderzusetzen. Man muss die stigmatisierte „Resl" nicht bewundern, aber es schadet nicht, sich mit ihr zu befassen.

Theresia Neumanns „Karriere" – geboren 1898, gestorben 1962 – war alles andere als steil: Das Höchste, was sie erreichte, war Großmagd. Die längste Zeit ihres Lebens lag sie aber krank im Bett, war gelähmt, blind, taub, hatte epilepsieähnliche Anfälle und lebte angeb-

Theresia Neumann
(1898–1962)

lich ausschließlich vom Empfang der Kommunion. Sie musste jahrelang gepflegt werden.

Als sie 28 Jahre alt war, zeigten sich die sogenannten Stigmata, also Wunden Christi an Händen, Füßen und an ihrer Seite – so wie der sterbende Christus sie gehabt hatte. Es begannen Massen von Menschen zu ihr zu kommen, sie zu bewundern und sie um das Gebet zu bitten. An manchen Tagen kamen bis zu 5000 Personen an ihr Bett.

Viele aber zweifelten von Anfang an und meinten, es habe nichts mit christlichem Glauben zu tun, sondern es seien nur psychische Störungen. Einer der wichtigsten Zweifler war der Münchner evangelische Journalist Fritz Gerlich. Er wollte – wie er meinte – den „Schwindel" in seiner Zeitung bekannt machen. Doch er wurde „umgedreht". Nach seinem Besuch bei „Resl" wurde er gläubig und trat in die katholische Kirche ein.

Bis heute ist die Frage offen, was hinter den Phänomenen um „Resl" steckt. Manche wollen sie seligsprechen, die offizielle Kirche ist zurückhaltend. Noch immer strömen Fromme an ihr Grab. Vielleicht hilft ein Wort von Albert Einstein: „Es gibt zwei Arten zu leben: entweder so, als wäre nichts ein Wunder, oder so, als wäre alles ein Wunder."

„Wir stehen als Toren da um Christi willen, ihr dagegen seid kluge Leute in Christus. Wir sind schwach, ihr seid stark; ihr seid angesehen, wir sind verachtet." (1 Kor 4,10)

▶ Nun fahren wir von Nürnberg weiter in den Süden an die Donau, nach Ingolstadt, und begegnen dort einem Mann, der wie Martin Luther die Kirche in Ordnung bringen wollte.

Petrus Canisius

Katholischer Reformator

Ingolstadt war das Sprungbrett für den Mann, der der katholischen Kirche in Deutschland, Österreich und der Schweiz nach der Reformation am meisten wieder auf die Beine half. Sein Denken umkreiste ein weites Feld. Einerseits war er Naturphilosoph, auf der anderen Seite stammen vier Bände über christliche Mystik aus seiner Feder.

Der 1521 in den Niederlanden geborene junge Mann lernte in Mainz mit etwa 22 Jahren einen der ersten Jesuiten, den heiligen Peter Faber kennen. Er machte bei ihm die „geistlichen Übungen“ des heiligen Ignatius von Loyola und wurde Jesuit. Bald wurden der Kaiser in Wien und Papst Gregor XIII. auf ihn aufmerksam und wollten ihn zum Bischof von Wien machen, was Canisius ablehnte. Der Generalobere der Jesuiten in Rom aber ernannte ihn zum ersten Vorsitzenden der deutschen Jesuitenprovinz. In dieser Eigenschaft war Canisius zu Fuß im ganzen deutschen Sprachraum – sogar bis nach Litauen – unterwegs. Er gründete viele Niederlassungen der Jesuiten.

Petrus Canisius (1521–1597)
Kupferstich, um 1600

Aber er war nicht nur ein genialer Organisator, sondern auch ein herausragender Prediger. Sieben Jahre lang war er Domprediger in Augsburg, einer Stadt, die damals ein wichtiges Zentrum war. Der katholische Organisator und Theologe war zurückhaltend gegen die lutherischen Reformatoren, er sprach nie von Ketzern oder Irrlehrern, sondern immer nur von „neuen Lehren". Aber er kritisierte scharf kirchliche Missstände. 1555 erschien erstmals sein Katechismus, der sich mit dem Katechismus Martin Luthers auseinandersetzte. Bis zu Canisius' Tod im Jahr 1597 wurde der Katechismus rund 200-mal nachgedruckt. Erst 1925 wurde Canisius heiliggesprochen. Durch die Reform der katholischen Kirche hat Canisius die Geschichte der europäischen Kultur geprägt.

> Petrus Canisius: „Wir halten treu an unseren Ordenssatzungen fest, die wir als Gefolgsleute Christi erwählt haben. Allerdings verfolgen uns manche mit Hass und Feindschaft, und dies hat uns den Namen Jesuiten eingetragen. Wir denken jedoch nicht daran, jenen heiligsten Namen für uns allein in Beschlag zu nehmen, die wir ja kaum seine Jünger, sondern höchstens seine Knechte sind, dem Kriegsdienst des Kreuzes verschrieben. Mit Verachtung aller anderen Dinge haben wir uns das Kreuz als einziges Ziel vor Augen gestellt; und wir haben es überall aufzurichten versucht, sicher nicht ganz ohne Erfolg. Dass wir für das Seelenheil der anderen Menschen arbeiten, ist unser Gewinn und Nutzen."[28]

> *„Hütet euch vor den falschen Propheten; sie kommen zu euch in Schafskleidern, im Inneren aber sind sie reißende Wölfe. An ihren Früchten werdet ihr sie erkennen. Erntet man etwa von Dornen Trauben oder von Disteln Feigen? Jeder gute Baum bringt gute Früchte hervor, ein schlechter Baum aber schlechte. Ein guter Baum kann keine schlechten Früchte hervorbringen und ein schlechter Baum keine guten. Jeder Baum, der keine guten Früchte hervorbringt, wird umgehauen und ins Feuer geworfen. An ihren Früchten also werdet ihr sie erkennen." (Mt 7,15–20)*

▶ Donauabwärts geht's nach Regensburg, wo wir einen mutigen Mann treffen, der mit 39 Jahren am Galgen endete.

Johann Maier
Mensch aus einem Guss

Drei Tage bevor die US-amerikanischen Truppen Regensburg einnahmen, hängten ihn die letzten deutschen Nationalsozialisten an den Galgen. Denn er hatte den Militärkommandanten der Stadt öffentlich aufgefordert, Regensburg nicht zu verteidigen, ein Blutbad zu vermeiden und die Stadt den amerikanischen Truppen zu übergeben. Die Spitzen des deutschen Militärs aber flohen noch am gleichen Tag.

Johann Maier war ein ungewöhnlicher Mann, den wohl nur einige Regensburger kennen. Es war Priester und Domprediger. Als er starb, war er erst 39 Jahre alt. Angeklagt wurde er, weil er „den Selbstbehauptungswillen des deutschen Volkes“ zu lähmen versucht hatte.

Johann Maier (1906–1945)

Aus Predigten von Johann Maier in der Fastenzeit 1945: „Helden und Heilige sind nicht nur ein Zusammenklang von Worten. Wahre Helden sind Heilige, und Heilige müssen Helden sein, Menschen aus einem Guss." – „Die einzige Bibel, die die Menschen heute noch lesen, sind die Christen." – „Nur wer die Überlegenheit seiner Sache klar durchschaut hat und von ihrer Größe ergriffen ist, wird sich dafür einsetzen: kraftvoll, siegesgewiss und opferbereit."[29]

„Jeder, der sich vor den Menschen zu mir bekennt, zu dem werde auch ich mich vor meinem Vater im Himmel bekennen. Wer mich aber vor den Menschen verleugnet, den werde auch ich vor meinem Vater im Himmel verleugnen." (Mt 10,32 f.)

▶ Wenn wir donauabwärts fahren, kommen wir an eine leichte Flussbiegung. Daher heißt das Städtchen Bogen, und hier oben über der Donau ist der Bogenberg.

Wallfahrt Bogenberg

Zuflucht für Schwangere

Ehepaare, die sich ein Kind wünschen, und Schwangere – das sind die besonderen Wallfahrergruppen, die zum wenig bekannten Wallfahrtsort hoch über der Donau kommen. Er liegt am Donaurandbruch etwa auf halbem Weg zwischen Regensburg und Passau und wird auch als „Heiliger Berg Niederbayerns" bezeichnet. Zudem gilt er als einer der schönsten Geotope Bayerns.

Auch in der neuen säkularisierten Zeit kommen Pilger auf den Bogenberg. Jährlich sind es etwa 170 Gruppen. Sie kommen vor allem aus Niederbayern, aber auch aus dem Fränkischen, dem Schwäbischen, aus der Pfalz, aus Österreich, manche sogar aus dem Norden Deutschlands und dem sonstigen Ausland.

„Auf, wir ziehen hinauf zum Berg des Herrn und zum Haus des Gottes Jakobs. Er unterweise uns in seinen Wegen, auf seinen Pfaden wollen wir gehen. Denn vom Zion zieht Weisung aus und das Wort des Herrn von Jerusalem." (Jes 2,3)

▶ Auf dem Weg entlang der Donau nach Osten machen wir einen kleinen Abstecher nach Süden.

Mallersdorfer Schwestern

Arme Franziskanerinnen von der Heiligen Familie

Ordensfrauen im Dienst an Kranken und Armen spielten jahrhundertelang eine zentrale Rolle in der europäischen Gesellschaft. In der breiten Öffentlichkeit wurden sie nur dann wahrgenommen, wenn man Hilfe von ihnen brauchte. Aber vieles wäre in der Gesellschaft ohne die christlichen Frauen im Dienst an Hilfsbedürftigen nicht möglich gewesen.

Von dem kleinen Mallersdorf auf halbem Weg zwischen Regensburg und Landshut hat die Gemeinschaft der „Armen Franziskanerinnen von der Heiligen Familie" ihren Namen. Sie sehen ihre Aufgabe darin, Kinder und Jugendliche in Kindertagesstätten, Heimen und Schulen zu betreuen und zu erziehen, kranke und alte Menschen in Krankenhäusern und Altenheimen zu pflegen. Der heilige Franz von Assisi ist ihr großer Meister, wenngleich die Gemeinschaft erst im 19. Jahrhundert gegründet wurde. Sie haben heute auch in Südafrika vier Gemeinschaften, wo sie sich vor allem um die Ärmsten der Armen kümmern.

„Höchster, allmächtiger, guter Herr,
dein sind das Lob, die Herrlichkeit und
Ehre und jeglicher Segen.
Dir allein, Höchster, gebühren sie,
und kein Mensch ist würdig,
dich zu nennen."[30]

▶ Nun geht es wieder donauabwärts weiter.

Der Dom zu Passau

Harmonie von Gotik und Barock

Wo steht der Dom mit dem längsten Innenraum nördlich der Alpen? Am Zusammenfluss von Donau und Inn hoch über der Stadt Passau. Um das Jahr 300 ließen sich hier die ersten römischen Bürger taufen. Im Hintergrund standen der heilige römische Offizier Florian aus Lorch an der Enns sowie die Heiligen Valentin und Severin. Erst der heilige Bonifatius gründete um 750 das Bistum Passau. Ein großer Dom entstand 1221. Die Verantwortung des Bischofs von Passau erstreckte sich dann bis Wien und in den Westen Ungarns. Passau war die flächenmäßig größte Diözese des Römischen Reiches.

Was wäre Passau ohne die Donau und ohne seinen Dom? Er ist dem heiligen Stephan geweiht. Der Dom ist innen und außen überwältigend. Dabei weisen Fachleute darauf hin, dass sich im Dom Spätgotik und Barock harmonisch verbinden. Es ist eigentlich kaum zu glauben, aber wahr. Man spricht von einem „barocken Dom mit einer gotischen Seele". Italienische Künstler haben sich im Bemalen des Inneren groß gezeigt. Zu sehen sind die Propheten, die Tugenden, die Händler im Tempel sowie Glaube, Hoffnung und Liebe.

„Selig, die wohnen in deinem Haus, die dich allezeit loben. Selig die Menschen, die Kraft finden in dir, die Pilgerwege im Herzen haben." (Ps 84,5 f.)

▶ Jetzt machen wir wieder einen mittelgroßen Sprung gen Westen und fahren nach Oberbayern. Um die erste Persönlichkeit in München kennenzulernen, müssen wir ins Gefängnis, wohin ein Papst sie beordert hatte.

Mary Ward

Bildung auch für Mädchen

Die Engländerin Mary Ward tat vor 400 Jahren das, was heute Frauen in Afghanistan tun: Sie unterrichtete – manchmal heimlich – Mädchen. Mary Ward leistete zu Beginn der Neuzeit einen wesentlichen Beitrag, dass junge Frauen und Mädchen in die Schule gehen und lernen durften. Sie gehört zu den besten Damen der Frauenbefreiung, der Emanzipation.

Ihr Leben begann in England im Jahr 1585 in der Zeit der Verfolgung der Katholiken unter Königin Elisabeth I. Deren Vater Heinrich VIII. hatte sich von der katholischen Kirche losgesagt, als diese ihm die Auflösung seiner Ehe versagte. Es entstand die anglikanische Kirche, die die verbliebenen Katholiken in England bis aufs Blut verfolgte. Mary Ward gehörte zu einer solchen Familie. Messbesuch war unter schwerer Strafe verboten, Priester wurden aufgespürt und hingerichtet. Königin Elisabeth hatte sogar ihre katholische Großnichte Mary Stuart hinrichten lassen, weil sie sich von ihr bedroht fühlte.

Mary Ward erlebte viele Hinrichtungen. Ihre Großmutter war 14 Jahre im Kerker. In ihr erwachte der Wunsch nach einem Ordensleben, einer Eheschließung verweigerte sie sich. Sie fuhr über den Kanal nach Flandern, um dort in den Klarissenorden einzutreten. Doch sie erkannte bald, dass dies nicht ihre Berufung war. Zurück in England vermittelte sie illegal zwischen Katholiken und ihren Priestern, wurde verhaftet, kam aber wieder frei.

Nach neuerlicher Rückkehr nach Flandern schlossen sich ihr andere Frauen an, die so wie sie Mädchen Schulunterricht geben wollten. Das bedeutete: kein Leben in Klausur wie andere Ordensfrauen. Dies aber erregte bei vielen Menschen Ärgernis. Mary Ward marschierte daher bis nach Rom, um sich die Erlaubnis für ihre Idee geben zu lassen.

Ohne Erfolg! Mehr Glück hatte sie beim Kurfürsten Maximilian von Bayern. Hinter dem heutigen Münchner Rathaus entstand 1627 die erste Mädchenschule der „Englischen Fräulein", wie sie genannt wurden. Nach vier Jahren aber kam das Veto aus Rom. Mary Ward musste in München ins Gefängnis. Ein kirchliches Gericht sprach sie dann zwar wieder frei von Häresie, doch die neue Gemeinschaft wurde aufgehoben. In Bayern gehen die Uhren aber manchmal anders als in Rom, denn 1635 kam die königliche Genehmigung für die erste Mädchenschule. 1639 reiste Mary Ward nochmals nach England, wo immer noch Katholiken verfolgt wurden. Sie starb dort 1645.

Mary Ward (1585–1645)
Porträt um 1620/1630, vermutlich von Samuel Hoffmann

Erst 1703 kam aus dem Vatikan das Plazet für die Gemeinschaft. In ganz Bayern und darüber hinaus entstanden bis zu fünfzehn schulische Einrichtungen der „Englischen Fräulein". Das Entscheidende war der Durchbruch zur Bildung von Frauen. Mary Ward war eine emanzipierte, hartnäckige Dame, die Kulturgeschichte machte.

> Mary Ward: „Was soll der Ausdruck ‚nur Frauen' anderes bedeuten, als dass wir in allen Dingen einem anderen Geschöpf, dem Mann, wie ich annehme, nachstehen. Das ist, wie ich zu sagen wage, eine Lüge: mit Rücksicht auf den guten Pater will ich das Wort einen Irrtum nennen […] es gibt keinen solchen Unterschied zwischen Männern und Frauen […] Veritas Domini manet in aeternum – die Wahrheit des Herrn bleibt in Ewigkeit. Es heißt nicht veritas hominis, die Wahrheit der Männer oder der Frauen. Diese Wahrheit können Frauen ebenso gut besitzen wie Männer. Misslingt es uns, so geschieht es aus Mangel an dieser Wahrheit, aber nicht weil wir Frauen sind."[31]

▶ In Münchener Gefängnissen treffen wir weitere Persönlichkeiten.

Die Weiße Rose

Jugend gegen Hitler

Aus christlicher Bildung und schrecklichen Erfahrungen kamen die Taten der Münchner Studenten. Den inneren Kreis der Gruppe, die sich „Weiße Rose“ nannte, bildeten die Geschwister Hans und Sophie Scholl, Alexander Schmorell, Christoph Probst, Willi Graf sowie der Universitätsprofessor Kurt Huber. Auffallend ist, dass sie und der weitere Kreis fast ausschließlich aus christlichen Milieus stammten. Von Sophie Scholl stammt der Satz: „Meine ohnmächtige Liebe lege ich in deine Hand, Gott, damit sie

Hans Scholl, Sophie Scholl und Christoph Probst († 1943) am Müchener Ostbahnhof, 1942

mächtig wird." Einige von ihnen hatten Massenerschießungen und das Elend im Warschauer Ghetto beobachtet.

In verschiedenen Flugblattaktionen versuchten sie, Kommilitoninnen und Kommilitonen zum Widerstand gegen das Nazisystem zu motivieren. Einmal jedoch sah der Hausmeister der Münchner Universität, wie sie Flugblätter auf den Gängen verteilten und in den Lichthof der Universität warfen. Er zeigte sie an. Es folgten die Suche nach Mitverschwörern, lange Verhandlungen und schließlich für die meisten der Tod durch Enthauptung.

> SOPHIE SCHOLL: „Ich bin nach wie vor der Meinung, das Beste getan zu haben, was ich gerade jetzt für mein Volk tun konnte. Ich bereue deshalb meine Handlungsweise nicht und will die Folgen, die mir aus meiner Handlungsweise erwachsen, auf mich nehmen […] So ein herrlicher Tag, und ich soll gehen. Aber was liegt an unserem Leben, wenn wir es damit schaffen, Tausende von Menschen aufzurütteln und wachzurütteln."[32]

▶ Nicht im Gefängnis, sondern im KZ Dachau sehen wir einen gefolterten Widerstandskämpfer.

Fritz Gerlich

Ein katholischer Querkopf

Der in Stettin Geborene wurde ein herausragender Kopf des Widerstands gegen Adolf Hitler. Der Mann hatte sich von einem Anhänger Immanuel Kants zu einem Freund Jesu Christi gewandelt. Er war ein Exot und ist wohl einer der ganz wenigen Journalisten, die eine gewisse Chance haben, einmal selig- und heiliggesprochen zu werden. Auf ihn können alle Querdenker stolz sein.

Fritz Gerlich kam 1883 in einer evangelischen Fischhändlerfamilie zur Welt. Ab 1902 studierte er in Leipzig Mathematik und Physik, ab 1903 in München Geschichte und Anthropologie. 1907 wurde er zum Doktor der Philosophie promoviert. Neben seiner Tätigkeit im Staatsarchiv schrieb er über deutsch-konservative Themen und gehörte zur Deutschen Vaterlandspartei. Er tickte also eher auf der rechten Seite. Doch damit war 1923 nach dem Marsch des Feldwebels Adolf Hitler auf die Feldherrnhalle Schluss. Er wurde zum engagierten schreibenden Hitlergegner und berief sich dabei auf das Naturrecht.

In Bayern war damals viel von der „Resl von Konnersreuth" die Rede, einer Frau, die behauptete, die Wundmale Christi am Leib zu tragen. Tausende strömten zu ihr, um sie zu bewundern. Auch Gerlich reiste zur „Resl", um – wie er sagte – den „Schwindel" aufzudecken. Doch er kam als Bekehrter zurück und wurde 1931 sogar katholisch. Er wurde Chef der Zeitung „Der gerade Weg" und bekämpfte darin die NSDAP. Da seine Zeitung im gleichen Verlag erschien wie das Naziblatt „Der völkische Beobachter", traf er dann und wann Adolf Hitler persönlich. Einmal aber schrieb er: „Ihr, die ihr diesem Betruge eines von der Gewaltherrschaft Besessenen verfallen seid, erwacht! Es geht um Deutschland, um Euer, um Euer Kinder Schicksal." Gerlich ließ sich den Mund nicht verschließen. Im März 1933 wurde er von SA-Leuten überfallen und gefoltert, blieb dann 16 Monate in „Schutzhaft". Er ahnte wohl schon, dass man ihn ermorden wollte. Am 1. Juli 1934 wurde er in Dachau erschossen. Die katholische Kirche in Deutschland wünscht, dass Fritz Gerlich seliggesprochen wird.

Fritz Gerlich (1883–1934)

FRITZ GERLICH: „Mein Lebensweg bis zum heutigen Tag, wo ich Katechumene der katholischen Kirche bin, ist durch viele, viele Irrtümer durchgegangen. Ich bin ein Mensch, der nicht nur viel geirrt, sondern bei der Leidenschaft seines Temperaments sicher mehr gefehlt hat als die meisten meiner Zeitgenossen. Ich habe allerlei wieder gut zu machen. Aber unser Heiland und Herr Jesus Christus wird dem Mann, der wegen der offenen Aussprache seiner Überzeugung mit dem Strick um den Hals eines Tages zum letzten Urteil vor ihn hintritt, sicher vieles verzeihen."[33]

„Wenn die Welt euch hasst, dann wisst, dass sie mich schon vor euch gehasst hat. Wenn ihr von der Welt stammen würdet, würde die Welt euch als ihr Eigentum lieben. Aber weil ihr nicht von der Welt stammt, sondern weil ich euch aus der Welt erwählt habe, darum hasst euch die Welt. Denkt an das Wort, das ich euch gesagt habe: Der Sklave ist nicht größer als sein Herr. Wenn sie mich verfolgt haben, werden sie auch euch verfolgen." (Joh 15,18–20)

▶ Und hier noch ein weiterer Hitlergegner und mutiger Christ, der im Gefängnis landete.

Rupert Mayer

Provokateur der Nazis

Welche berühmte Persönlichkeit schrieb dem Jesuiten Rupert Mayer eine Gratulation zu seinem 25-jährigen Priesterjubiläum? Adolf Hitler! Der zukünftige Diktator saß zu dieser Zeit im Gefängnis in Landsberg am Lech. Es war im Jahr 1924. Rupert Mayer war damals schon in München ein berühmter Mann. Er mischte sich kritisch in die öffentlichen Auftritte Adolf Hitlers ein und hatte Zehntausende katholischer Männer hinter sich. Er war ein außerordentlich mutiger und überzeugender Prediger, sodass er in München zu einem der Hauptfeinde Adolf Hitlers wurde.

Geboren wurde der Jesuit 1876 in Stuttgart in einer Kaufmannsfamilie. Er studierte Theologie in Freiburg, München und Tübingen und wurde 1899 zum Priester geweiht. Ein Jahr später trat er in den Jesuitenorden ein, wurde Volksmissionar und Seelsorger für Zugewanderte. Bei Kriegsbeginn 1914 meldete er sich freiwillig als Feldgeistlicher. Weil er in einer Schlacht einen anderen Soldaten mit seinem eigenen Leib schützte, wurde er selbst schwer verletzt, ein Bein musste ihm abgenommen werden. Halb München wusste, dass er ein „Holzbein“ hatte.

Nach dem Ersten Weltkrieg wurde er in München zu einer bekannten Stimme der hitlerfeindlichen Katholiken, weil er die Auftritte des zukünftigen Diktators besuchte und dem Volksverführer öffentlich widersprach. 1937 wurde er erstmals verhaftet, lehnte ein Predigtverbot ab und wurde dann wegen einer Predigt zu sechs Monaten Haft verurteilt. 1939 kam er für sieben Monate ins KZ Sachsenhausen. Wegen öffentlicher Proteste in München zu seinen Gunsten wurde er mit einem weiteren Redeverbot entlassen, durfte aber

Rupert Mayer (1876–1945)
Gefängnisfoto beim Haftantritt am 17. Januar 1938 in Landsberg am Lech

nicht öffentlich auftreten und Messe feiern. So verbannten ihn die Nationalsozialisten ins Kloster Ettal, wo ihn Polizei kontrollierte. Kurz nach Kriegsende starb er während der Predigt am Allerheiligentag 1945 in der Michaelskirche. Er war zum „Apostel Münchens" geworden. 1987 wurde er von Papst Johannes Paul II. seliggesprochen.

> Rupert Mayer: „Gebt Gott, was Gottes ist! Gewiss, ich muss dem Staat geben, was ihm gebührt, aber nur deswegen, weil ich Gott gebe, was Gottes ist. Der Herrgott hat das erste Anrecht auf uns. Wir sind vollständiges Eigentum von ihm. Mit Leib und Seele gehören wir ihm an. Deswegen darf ich nie etwas tun, auch wenn es der Staat verlangt, was gegen Gottes Willen ist. Gottes Rechte sind die tiefen und eingeschaffenen, die geheiligten. Und wenn der Staat von mir anderes verlangt, was ich nicht tun darf von Gott aus, dann ist es aus und vorbei mit der Autorität des Staates."[34]

Jesus sagte zu Satan, der ihn versuchte: „Du sollst den Herrn, deinen Gott, anbeten und ihm allein dienen." (Mt 4,10)

Alfred Delp, Augustin Rösch und Lothar König

Jesuitisches Anti-Hitler-Trio

Drei Jesuiten waren wohl der Kern des Hitler-Widerstands in München. Während seit Beginn des Krieges viele Jesuiten an den Fronten im Osten und Westen kämpften, wurden die Mitglieder des Ordens 1941 als „wehrunwürdig" aus der Wehrmacht ausgeschlossen. Sie erschienen dem System als unzuverlässig im Kampf für den „Endsieg". Sie galten als zu papsttreu und zu wenig manipulierbar. Freilich gab es auch in vielen anderen katholischen Ordensgemeinschaften Widerstand gegen den Nationalsozialismus.

Der Chef des Kreisauer Kreises, Graf Moltke, hatte sich aber an den Chef der süddeutschen Jesuitenprovinz, Pater Augustin Rösch, gewandt mit der Bitte um Teilnahme an den Beratungen über ein Deutschland nach der Hitlerzeit. Moltke war kein Umstürzler, er wollte keinen Tyrannenmord, sondern professionelle Überlegungen, wie man ein demokratisches Nach-Hitler-Deutschland aufbauen könne. Denn Hitler war an die Macht gekommen, weil das parlamentarische Leben der ersten Republik nicht gut funktioniert hatte. Wegen der vielen Parteien kam es nicht zu stabilen Mehrheiten im Reichstag. Zudem herrschten Arbeitslosigkeit und Inflation. Hitler gab sich als Retter der Nation und wurde gewählt. So etwas sollte nach Ansicht der „Kreisauer" nie mehr passieren.

Auf Anfrage Moltkes empfahl Pater Augustin Rösch den jungen Jesuiten Alfred Delp, der sich in die katholische Soziallehre eingearbeitet hatte und über sie in der Zeitschrift „Stimmen der Zeit" schrieb. Delp lag eine christliche Gesellschaftsordnung am Herzen. Im Sinne der päpstlichen Sozialenzykliken brachte er die Forderung nach sozialer Gerechtigkeit ein. Ebenso verlangte er, dass Eigentum sozialpflichtig sein solle, die Familie solle einen ausreichenden Familienlohn erhalten, und Arbeiter müssten in ihrem Betrieb mitbestimmen können. Das waren konkrete Forderungen der katholischen Soziallehre und nicht nur Delps Wünsche.

Alfred Delp (1907–1945) vor dem Volksgerichtshof 1944 oder 1945

Delp nahm mehrfach an den Tagungen auf dem Landgut der Moltkes in Schlesien teil. Wenige Tage nach dem gescheiterten Attentat auf Hitler am 20. Juli 1944 wurden auch die „Kreisauer" verhaftet, Delp wurde in München gefangen genommen und ins Gefängnis nach Berlin-Tegel gebracht. Bei blutigen Verhören wurde ihm Freiheit angeboten, wenn er den Jesuitenorden verlassen würde. Er aber lehnte ab. Der Volksgerichtshof verurteilte ihn zum Tod durch den Strang. Er starb nach Monaten im Gefängnis am 2. Februar 1945. Delp ist der bekannteste der drei Jesuiten. Aber hinter und mit ihm standen zwei weniger bekannte, aber ebenso engagierte Jesuiten.

Augustin Rösch erarbeitete für die „Kreisauer" konfessionelle und kulturpolitische Konzepte für die Nach-Hitler-Zeit. Weil die Nazis das wussten, suchten sie ihn, er aber konnte sich auf einem Bauernhof in der Nähe von München bei Familie Wolfgang Meier verstecken. Weil er verraten wurde, mussten der Landwirt Wolfgang Meier, seine beiden Söhne und seine Tochter ins KZ Dachau. Rösch selbst kam ins Berliner Gefängnis Lehrter Straße, wurde dort schwer misshandelt, aber kurz bevor die Russen Berlin eroberten, konnte er fliehen.

Der Dritte im Bunde war Pater Lothar König. Er war Professor für Naturphilosophie und kam ebenso in Kontakt mit dem Kreisauer Kreis. Zudem war er Mitglied im Ausschuss der katholischen Kirche für Ordensangelegenheiten. Dieser war nach dem Sturm der Nationalsozialisten auf die Klöster gegründet worden. Für diesen Ausschuss musste König viel reisen, so wurde er Kurier und Verbindungsmann bei der „Abwehr von nationalsozialistischen Übergriffen gegen Einrichtungen von Kirche und Orden". Die Nazis suchten ihn, er konnte sich jedoch im Keller eines Jesuitenkollegs vor den Toren Münchens verstecken. Im Versteck wurde aber seine Krebskrankheit nicht behandelt, daher starb er im Mai 1946 nur 39-jährig.

Alfred Delp schrieb an seinem Todestag, dem 2. Februar 1945: „Wie lange ich nun hier warte, ob und wann ich getötet werde, weiß ich nicht. Der Weg hierher bis zum Galgen nach Plötzensee ist nur zehn Minuten Fahrt. Man erfährt es erst kurz vorher, dass man heute und zwar gleich ‚dran' ist. Nicht traurig sein. Gott hilft mir so wunderbar und spürbar bis jetzt. Ich bin noch gar nicht erschrocken. Das kommt wohl noch. Vielleicht will Gott diesen Wartestand als äußerste Erprobung des Vertrauens. Mir soll es recht sein. Ich will mir Mühe geben, als fruchtbarer Samen in die Scholle zu fallen, für Euch alle und für dieses Land und Volk, dem ich dienen und helfen wollte."[35]

Ellen Ammann

Frauen an der Front

Die 1870 geborene Dame war eine der ersten Frauen im Landtag von Bayern. Während sie sechs Kinder großzog, war sie an vorderster Front in der bayerischen Politik und Sozialarbeit. Sie stammte aus einer in Schweden lebenden deutschen evangelischen Familie, lernte in einer französischen Schule die katholische Kirche kennen und konvertierte unter dem Einfluss ihrer selbst konvertierten Mutter.

Ellen Ammann schuf und leitete die Bahnhofsmission München, gründete den bayerischen Zweig des Katholischen Frauenbundes und die sozial-karitative Frauenschule. Sie selbst unterrichtete das Fach „Frauenfrage und Frauenbewegung“. Somit wurde sie zur Gründerin der ersten programmatischen Ausbildungsstätte für soziale Arbeit in Deutschland. Aus ihr ging die Katholische Stiftungshochschule München hervor. Schließlich war sie schon 1919 auf dem Weg zu einer Art Frauendiakonat durch die „Vereinigung katholischer Diakoninnen“. Als das Frauenwahlrecht eingeführt war, wurde sie auf der Seite der Bayerischen Volkspartei in den Münchner Landtag gewählt, dem sie bis

Ellen Ammann (1870–1932)
Foto um 1920

1932 angehörte. Sie vertrat dort die Bereiche Jugendfürsorge, Gesundheitswesen und Wohlfahrtspflege.

Weil sie gute Kontakte hatte, war sie eine der Ersten, die von Hitlers Plänen in München wussten. Daher machte sie frühzeitig auf die Gefahr des Nationalsozialismus aufmerksam und bemühte sich sogar schon im Jahr 1923 um die Ausweisung Hitlers aus Deutschland. Im Vorfeld von Hitlers Putschplänen versuchte sie, gefährdete Personen zu warnen und zu schützen. Zudem sorgte sie dafür, dass Einheiten der Reichswehr nach München verlegt wurden, um gegen Hitlers Vorhaben eingreifen zu können. Nach dem Putsch vor der Feldherrnhalle im Jahr 1923 half sie vielen Betroffenen.

Sie starb im Jahr 1932 direkt nach einer großen Rede über Hilfe für kinderreiche Familien im Parlament an einem Schlaganfall.

> Ellen Ammann: „Wir brauchen neben der verheirateten Frau eine Schar von unverheirateten Frauen, die unabhängig sind, die aus Liebe zu Gott verzichtet haben auf die Ehe und sich ganz rückhaltlos der Bewegung, der sozialen Versöhnungsarbeit, der Caritas gewidmet haben mit allen ihren Kräften, und zwar nicht als Klosterfrauen, sondern in jenem dritten Beruf der Jungfrau in der Welt, der noch zur vollen Blüte sich entfalten muss."[36]

Romano Guardini

Moderner Gottsucher

Neben Karl Jaspers gilt der Theologe als einer der Vordenker des Nachkriegsdeutschland. Wir könnten ihn in verschiedenen deutschen Städten treffen, ziehen aber vor, ihm in München zu begegnen. Er hat als Religionsphilosoph einen wesentlichen Beitrag dazu geleistet, dass nach dem Zweiten Weltkrieg katholische und auch nichtkatholische Studierende und Akademiker den Glauben an Jesus Christus neu gefunden oder besser verstanden hatten. Man möchte sagen: Er hat Jesus Christus dem modernen, kritisch fragenden Menschen nahegebracht. Kein Wunder also, dass 50 Jahre nach seinem Tod ein Seligsprechungsprozess für ihn ansteht.

Geboren wurde Guardini 1885 in Verona. Seine Eltern zogen nach Mainz, wo Guardini dann zur Schule ging. Theologie studierte er in Freiburg im Breisgau und in Tübingen. Nach seiner Priesterweihe 1910 engagierte er sich für die katholische Jugend und leitete ein in neuer Form geprägtes geistliches Jugendzentrum am Main, die Burg Rothenfels. In Berlin wurde eigens für ihn der Lehrstuhl für katholische Religionsphilosophie und Weltanschauung geschaffen. Dort blieb er bis 1933, dem Jahr der Machtübernahme Hitlers. 1948 kam seine Berufung auf einen gleichartigen Lehrstuhl an der Universität München. Hier wurde er zugleich Universitätsprediger. Er starb im Jahr 1968.

Zwei geistige Bewegungen in Mitteleuropa gingen besonders von ihm aus: die katholische Jugendbewegung und die Neuentdeckung der Liturgie. Durch sein Denken wurde sogar langfristig das Zweite Vatikanische Konzil beeinflusst und damit der Weg der katholischen Kirche in die Moderne.

Romano Guardini (1885–1968)

Guardini war kein Theologe eines bestimmten Fachs. Er war ein Sucher und Ringer um die theologische Wahrheit und distanzierte sich frühzeitig von Immanuel Kant und Tendenzen des Modernismus. Das Entscheidende an der Person Romano Guardini ist, dass er als Prediger, Denker und Beter den Christen der Moderne die Tür geöffnet hat zu einem aufgeklärten, selbstkritischen Glauben an Jesus Christus. Bezeichnend für sein Denken ist ein Vortrag beim Katholikentag in Berlin 1952 mit dem Titel: „Nur wer Gott kennt, kennt den Menschen".

> ROMANO GUARDINI: „Ich verzichtete bewusst auf das jeweilige Fachwissen. Ich suchte, so gut ich es vermochte, vor die Fragen selbst zu gelangen und mit ihnen fertig zu werden; so tief als möglich in die Texte einzudringen und aus ihnen heraus zu arbeiten. Das bedeutete natürlich ein Wagnis – man kann auch sagen, eine Vermessenheit."[37]

Bezeichnend ist auch der Satz aus dem Buch „In Spiegel und Gleichnis":

> „Im Herzen begegnet der Geist dem Körper und macht ihn zum ‚Leibe'; im Herzen begegnet das Blut dem Geist, und er wird zur ‚Seele'. Beides geschieht durch die Liebe. Diese Liebe aber wird erst durch die Gnade möglich, welche das Ganze, den Menschen, in die Gemeinschaft des Lebens Gottes zieht."[38]

▶ Unweit von München, am Starnberger See, treffen wir einen weiteren Vordenker der Moderne.

Carl Friedrich von Weizsäcker

Intellektuelle Redlichkeit

Der große Physiker und Philosoph setzte sich sein Leben lang mit dem Verhältnis von Naturwissenschaft und religiösem Glauben auseinander. Er leistete einen großen Beitrag dazu, dass Naturwissenschaftler sich nicht einfach vom christlichen Glauben abwandten. Denn er war nicht nur Atomwissenschaftler, sondern auch Philosoph und befasste sich mit den unterschiedlichen Denkweisen von Theologie und Naturwissenschaft. Schließlich war er Vordenker des Umweltschutzes. Seine langjährige Frage lautete: Brauchen wir einen neuen Lebensstil? Denn er hatte erkannt, dass der ständig wachsende Konsum, der ständig wachsende Reichtum der hoch entwickelten Länder den Globus zerstört.

Geboren wurde Weizsäcker im Jahr 1912 in Kiel, gestorben ist er 2007 in Söcking. Von 1929 bis 1933 studierte er Physik, Astronomie und Mathematik in Berlin, Göttingen und Leipzig. 1934 wurde er Assistent von Werner Heisenberg in Leipzig. In den Jahren 1939 bis 1942 arbeitete er am Uranprojekt mit. Er wurde Honorarprofessor in Göttingen und 1950 in die dortige Akademie der Wissenschaften aufgenommen. 1957 unterzeichnete er die Göttinger Erklärung gegen

Carl Friedrich von Weizsäcker
(1912–2007)
Foto aus dem Jahr 1982

Atomwaffen. Im selben Jahr wurde er nach Hamburg berufen und zwei Jahre später zum Mitglied der Gelehrtengesellschaft Leopoldina ernannt. Er arbeitete immer auch an philosophischen und politischen Fragen.

1970 wurde in Starnberg ausdrücklich für ihn und auf seine Initiative das „Max-Planck-Institut zur Erforschung der Lebensbedingungen der wissenschaftlich-technischen Welt“ gegründet, das er bis 1980 leitete. Zudem war er ab 1970 Honorarprofessor an der Universität München und stand von 1970 bis 1975 dem Beratungsgremium für Wissenschaft und Technik des Bundesforschungsministeriums vor.

> Carl Friedrich von Weizsäcker: „Die andere theologische Haltung, die dem Physiker nicht hilft, ist die Art des theologischen Denkens, die sich selbst dem wissenschaftlichen Bewusstsein des jeweiligen Augenblicks unterordnet. Das ‚wissenschaftliche Bewusstsein‘ braucht dabei nicht der Wissensstand eines bestimmten Jahrzehnts, es kann auch die Geisteshaltung der Neuzeit sein. Zwar kann und soll wohl niemand von uns aus seiner neuzeitlichen Haut fahren. So erleichtert die angedeutete Haltung die intellektuelle Redlichkeit, ohne die dem wissenschaftlichen Gesprächspartner nicht wohl werden kann. Aber wie wird sie es vermeiden, die Theologie zu verharmlosen und damit dem Naturwissenschaftler genau das zu verweigern, worum er im Grunde und mit Recht bittet: den nicht zu bewältigenden Widerstand? Ich möchte ausdrücklich sagen, dass meinem Empfinden nach auch eine Spaltung von Existenz und Natur, so etwa, dass die Existenz das Feld des christlichen Glaubens, die Natur das Feld der exakten Wissenschaft wäre, sowohl dem Glauben wie der Wissenschaft ein zu enges, ein eigentlich so gar nicht vorhandenes Feld zuweist.“[39]

▶ Nun sind wir im Osten Bayerns, in Marktl bei Altötting. Hier wurde ein herausragender Theologe geboren.

Papst Benedikt XVI.

Glaube und Vernunft

Sein Image bei Christen nördlich der Alpen ist zwiespältig, er sei rückwärtsgewandt, hängend an der Tradition, Bremser in der Ökumene. Ich vermute jedoch, dass er auf diese Weise voreilig be- und verurteilt wird. Historiker in fünfzig Jahren werden Joseph Ratzinger einen der schärfsten Diagnostiker der Zeit und herausragenden Theologen nennen. Vielleicht werden sie auch sagen: Man hätte ihn nicht zum Papst wählen sollen, denn er war Denker, aber nicht geeignet zum Regieren.

Vieles an diesen Vorwürfen mag eine gewisse Richtigkeit haben. Aber die meisten Vorwürfe sind übertrieben, einseitig, falsch. Viele Einschätzungen zeigen meiner Ansicht nach auch, dass seine Kritiker manches am Christentum nicht ganz verstanden hatten.

Meine Sicht auf Professor Joseph Ratzinger und Papst Benedikt: Er sah sehr genau, wo die Interpretation Jesu Christi sich dem Zeitgeist beugte und daher dem wirklichen Jesus von Nazareth nicht entsprach. Er sah als Professor die Gefahr vor allem in der rein historisch-kritischen Exegese und in seinen späteren Jahren im Liberalismus und Relativismus.

Joseph Ratzinger war ein scharfer Denker. Das zeigte sich ganz zu Anfang seiner Lehrtätigkeit in Bonn in seinem Buch „Einführung in das Christentum“, das rund um den Globus zu einem Bestseller wurde. Es gelang ihm darin, das Wesentliche des christlichen Glaubens verständlich auf den Punkt zu bringen. In ihm sprach ein Fachmann, der auch Nichttheologen den Glauben an Jesus Christus nahebringen konnte.

Ein Zentralthema hieß: Religiöser Glaube ist rational verantwortbar, er ist nicht irrational, es ist kein Sprung aus dem vernünftigen

Papst Benedikt XVI. (1927–2022)
Foto aus dem Jahr 2011

Denken ins Irrationale. Aber es ist ein Sprung, der gewagt werden kann. Und wer ihn gewagt hat, erkennt, dass er sinnvoll, hilfreich und gut ist.

Richtig ist, dass Ratzinger an der Vergangenheit hing, weil er wusste und erlebt hatte, wie sehr der Glaube an Gott und an Jesus Christus den Menschen in der Zeit des Nationalsozialismus geholfen hatte, Rückgrat zu bewahren und sich der Diktatur zu widersetzen. Er schaute gerne in die Zeit zurück, in der die Mehrheit der Europäer noch wusste, welche Bedeutung der Glaube an den Gekreuzigten für das Leben der Menschen haben kann und oft hat. Er wünschte, dass diese Kraft des Mannes am Kreuz auch dem modernen Menschen nicht verloren geht.

Als Intellektueller sah er eben auch, dass es viele geistige Kräfte in der modernen Welt gibt, die entgegengesetzte Wünsche hatten. Sie wollten die totale Selbstbestimmung des Menschen, die Unabhängigkeit von einer transzendenten Autorität. Jeder Mensch solle sein Leben selbst normieren. Und Ratzinger erkannte, dass das nicht nur Wünsche von Intellektuellen waren, sondern dass diese Denker eine Art geistige Diktatur ausüben wollten. Daher formulierte er das scharfe Urteil „Diktatur des Relativismus“.

Die Dramatik von Joseph Ratzinger war, dass er zum Papst gewählt wurde. Denn das Papstamt verlangt mitunter harte, unangenehme Entscheidungen in Personalfragen. Hinzu kamen vatikanische Verwaltungsdefizite, die er anpacken musste, die ihn und seinen Stab überforderten. Das führte zu seinem Rücktritt.

Ich vermute, dass die Fachleute in dreißig Jahren wesentlich positiver über ihn urteilen werden als einen der scharfsichtigsten Zeitdiagnostiker und Theologen.

BENEDIKT XVI. sagte in einem Vortrag am 9. Mai 2009 über die Enzyklika „Fides et ratio" von Papst Johannes Paul II.: „Der Glaube braucht den Mut der Vernunft zu sich selbst. Er steht nicht gegen sie, sondern fordert sie heraus, sich das Große zuzutrauen, zu dem sie geschaffen ist. ‚Sapere aude' – mit diesem Imperativ hatte Kant das Wesen von Aufklärung umschrieben. Man könnte sagen, dass der Papst auf eine neue Weise einer metaphysisch mutlos gewordenen Vernunft zuruft: Sapere aude! Trau dir das Große zu! Dafür bist du bestimmt. Der Glaube, so zeigt uns der Papst, will die Vernunft nicht zum Schweigen bringen, sondern sie von dem Schleier des Stars befreien, der angesichts der großen Fragen der Menschheit weithin auf ihr liegt. Wiederum zeigt sich, dass der Glaube den Menschen in seinem Menschsein verteidigt. […] Nun, wir stehen – soweit wir sehen können – nicht am Ende der Geschichte. Aber wir stehen in der Versuchung, der Vernunft ihre wahre Größe zu verweigern. Und da sieht es der Papst mit Recht als Aufgabe des Glaubens an, die Vernunft neu zum Mut zur Wahrheit zu ermutigen. Ohne Vernunft verfällt der Glaube; ohne Glaube droht die Vernunft zu verkümmern. Es geht um den Menschen."[40]

▶ Nicht weit von Joseph Ratzingers Geburtsort kommen wir nach Altötting.

Wallfahrtsort Altötting

Die „Schwarze Madonna“

Wer ist der berühmte Kämpfer, der in dem Wallfahrtsort begraben ist? Es ist Feldmarschall Tilly. Er hatte im Dreißigjährigen Krieg unzählige Schlachten auf katholischer Seite geschlagen – nicht aber immer ganz im Geiste Jesu Christi.

Für Millionen Katholiken innerhalb und außerhalb Bayerns ist aber nicht Tilly die Attraktion, sondern die Madonna von Altötting. Vieles in Bayern versteht man besser, wenn man diese Frömmigkeit ein wenig kennt. Moderne Menschen mögen lächeln und die Wallfahrt zur Madonna antiökumenisch nennen. Keiner aber sollte übersehen, dass die Wallfahrt dorthin Millionen Menschen an Seele und Leib geholfen hat. Man übersieht die Realität, wenn man diese gesellschaftliche Wirklichkeit nicht wahrnimmt. Kein Katholik ist verpflichtet, an die Bedeutsamkeit und die Wunder von Altötting zu glauben.

Wir sollten aber die Wallfahrt zur dortigen Gnadenkapelle erst einmal kennenlernen. Weithin bekannt wurde Altötting durch eine Begebenheit, die viele für ein Wunder halten: Im Jahr 1489 soll ein Dreijähriger in einen Bach gefallen und ertrunken sein. Die Mutter habe den Leichnam auf den Altar der dortigen Kapelle gelegt und zusammen mit anderen darum gebetet, dass der Tote wieder zum Leben erwacht. Und er sei erwacht.

Doch der Ort war schon viel früher Ziel von vielen Wallfahrten. Denn im späten Mittelalter, vor der Reformation, herrschte in weiten Kreisen Wunderglaube, und viele Gläubige sammelten möglichst viele Reliquien. Die Altöttinger Gnadenkapelle wurde zu einem Ort der Volksfrömmigkeit und die Statue der „Schwarzen Madonna“ das Ziel vieler Pilger. Die Fürsten von Bayern förderten diese Frömmigkeit, um der Reformation standzuhalten. Sie siedelten daher die neu gegründeten Jesuiten in Altötting an, und die Wallfahrt lebte immer mehr auf. Zeugnis davon geben bis heute die über 2000 Votivtafeln in und um die Kapelle. Diese selbst geht vielleicht bis auf das 9. Jahrhundert zurück. Ihr architektonisches Vorbild war möglicherweise die frühbyzantinische Kirche San Vitale in Ravenna. Die etwa 60 Zentimeter hohe Madonnenstatue ist schwarz und wurde vermutlich um 1400 hergestellt. Schwarze Heiligenstatuen waren vor allem in Frankreich verbreitet.

Eine Besonderheit ist, dass in der Gnadenkapelle nahezu dreißig Herzen von fürstlichen Familien beigesetzt sind. Sie stammen überwiegend von Mitgliedern des Hauses Wittelsbach. Heute liegen dort die Herzen von einem Kaiser, sechs Königen, drei bayerischen Kurfürsten, elf fürstlichen Frauen, fünf Bischöfen.

Auch heute noch kommen jährlich Tausende von Pilgern nach Altötting. Manche marschieren in Gruppen über mehrere Tage zu Fuß zur Gottesmutter in Altötting.

Schon im 3. Jahrhundert wurde in Ägypten in einem Gebet die Mutter Jesu „Gottesmutter“ genannt:

„Unter deinen Schutz und Schirm fliehen wir,
o heilige Gottesgebärerin.
Verschmähe nicht unser Gebet in unseren Nöten,
sondern erlöse uns jederzeit von allen Gefahren,
o du glorreiche und gebenedeite Jungfrau.“

▶ Jetzt fahren wir viel weiter in den Westen nach Bayerisch-Schwaben und begegnen einem geistlichen Herrn, der ein wenig Medizingeschichte geschrieben hat.

Sebastian Kneipp

Der Wasserdoktor

Wer ist nur der junge Mann, der da im Winter bei Eiseskälte in die Donau steigt? So mögen sich Beobachter 1849 gefragt haben. Es war der Theologiestudent Sebastian Kneipp aus dem bayerisch-schwäbischen Stephansried, der so seine Tuberkulose heilte. Er hatte gelesen, dass er auf diese Weise seine Lungen heilen könne. Zufällig hatte er ein Buch entdeckt mit dem langen Titel „Unterricht von Krafft und Würkung des frischen Wassers in die Leiber der Menschen" von Johann Siegmund Hahn. So stieg er vor den Toren von Dillingen zwei- bis dreimal wöchentlich in die Donau und blieb dort für ein paar Momente. Zudem nahm er zu Hause Halbbäder und übergoss sich mit Wasser. Und – siehe da! – er wurde gesund. Er studierte in Dillingen und München Theologie, wurde 1852 zum Priester geweiht und anschließend als Kaplan eingesetzt. In München lernte er noch mehr über Wasseranwendungen und behandelte selbst andere Studenten, die ebenfalls an Tuberkulose litten. 1853 kam es zu einer Anklage gegen ihn wegen „Kurpfuscherei", ein Jahr später wegen Gewerbebeeinträchtigung durch einen Apotheker. Kneipp verteidigte sich, er habe nur Patienten behandelt, die kein Geld für Medikamente hatten und vergeblich von Ärzten behandelt worden seien. 1854 brach in Oberbayern und Schwaben die Cholera aus. Er aber heilte – trotz aller Verbote – mindestens 40 Personen. Die Bevölkerung nannte ihn den Cholera-Kaplan.

Es war ein langer Konflikt zwischen der offiziellen Medizin und Sebastian Kneipp. Doch die Wirkung seiner Methode siegte. Um 1890 kamen über 30 000 Kurgäste nach Bad Wörishofen, wo er offiziell im Kloster der Dominikanerinnen Seelsorger war. Könige, Kaiser, halb Europa und sogar der Papst kannten ihn und ließen sich von

Sebastian Kneipp
(1821–1897)

ihm beraten. Kneipp reiste durch Europa und hielt Vorträge. Es begannen sich Kneipp-Bäder auszubreiten. Was wäre die heutige Welt der Kuren ohne Sebastian Kneipp! Er starb 1897.

Sebastian Kneipp: „Kaum irgendein Umstand kann schädlicher auf die Gesundheit wirken als die Lebensweise unserer Tage: ein fieberhaftes Hasten und Drängen aller im Kampf um Erwerb und sichere Existenz. Es muss das Gleichgewicht hergestellt werden zwischen der Lebensweise und dem Verbrauch an Nervenkraft. Haben viele nicht die Gelegenheit zur Erhaltung und Vermehrung ihrer Kräfte, so ist es notwendig, dass wenigstens zeitweilig alle Teile des Körpers geübt und in Bewegung gesetzt werden." – „Saufen wollen sie alle, sterben will keiner."

„Keiner hat je seinen eigenen Leib gehasst, sondern er nährt und pflegt ihn, wie auch Christus die Kirche." (Eph 5,29)

▶ Und jetzt geht's in das Städtchen Kaufbeuren im bayerischen Schwaben.

Therese Studer

Sozialrevolutionäre Arbeiterin

Etwa zur gleichen Zeit, als die berühmte Sozialrevolutionärin Rosa Luxemburg sich auf akademischer und politischer Ebene für soziale Gerechtigkeit einsetzte, tat dies auf praktischer Ebene die wenig bekannte Schwäbin Therese Studer. Sie gründete den „Verband katholischer Arbeiterinnenvereine".

Mit acht Jahren schon musste die 1862 Geborene bei einem Bauern arbeiten und konnte nur im Winter die Schule besuchen. Das machte sie bildungshungrig. Mit 16 Jahren begann sie Akkordarbeit in einer Zündholzfabrik, um ihre Familie zu ernähren. Als die Fabrik schloss, wurde sie Dienstmädchen und anschließend Arbeiterin in einer Textilfabrik. Es gab Schichtdienst, und die Arbeitstage dauerten von fünf Uhr morgens bis sieben Uhr abends – manchmal bis Mitternacht. Aber Therese Studer suchte Bildung, sie las und las und las.

Therese Studer kam aus der Nähe von Ulm und hatte es aufgrund vieler Vorurteile besonders schwer, denn Fabrikarbeiterinnen waren schlecht angesehen. Männer und Frauen arbeiteten in Fabriken nahe beieinander. Therese suchte nach Lösungen. So gründete sie in Kaufbeuren eine Gruppe katholischer Arbeiterinnen, denn die sozialdemokratischen Gewerkschaften und die katholischen Arbeitervereine schlossen Frauen aus. Aus ihrer Vereinigung entstand der „Katholische süddeutsche Arbeiterinnenverband" mit rund 20 000 Mitgliedern. Bald wurde sie hauptamtliche Sekretärin des Verbandes.

Widersacher ihres Anliegens waren teilweise die örtlichen Geistlichen, die davon ausgingen, dass Frauen eben nur in die Familie gehören. Sie starb 1931 in München, wo eine Straße an sie erinnert.

Therese Studer (1862–1931)
Foto aus dem Jahr 1944

„Eine tüchtige Frau, wer findet sie? Sie übertrifft alle Perlen an Wert." (Spr 31,10)

▶ In Oberstdorf im Allgäu begegnen wir einer der prominentesten katholischen Schriftstellerinnen der Moderne.

Gertrud von Le Fort

Renouveau catholique

Die erstaunliche Dame war vieles in einem. Aber hintereinander: halb Französin und halb Deutsche, Preußin und Bayerin, evangelisch und katholisch, Schriftstellerin und Mystikerin. Der Schriftsteller Carl Zuckmayer schreibt über sie: „Unter den großen Erscheinungen, welche die Literatur und die Dichtung des Jahrhunderts kennzeichnen, steht Gertrud von Le Fort als eine einzigartige Gestalt."

Geboren wurde die Schriftstellerin 1876 im Land Hannover in einer hugenottischen adeligen Offiziersfamilie. Sie studierte evangelische Theologie, Geschichte, Literatur und Philosophie in Heidelberg, Marburg und Berlin. Im Lauf ihres Lebens hielt sie sich oft in Rom und in der Schweiz auf. Nach mehreren Jahren im bayerischen Baierbrunn hatte sie ihren Wohnsitz in Oberstdorf im Allgäu, wo sie 1971 starb. Aufgrund ihrer Studien und Schriften kam sie im Lauf ihres Lebens zu geistigem Austausch mit dem Philosophen Theodor Haecker, dem Jesuiten Erich Przywara, der Ordensfrau Edith Stein und dem französischen Schriftsteller Paul Claudel. Sie hatte die etwas utopische Vorstellung von einem christlichen Heiligen Deutschen Reich und kam daher in Konflikt mit dem Nationalsozialismus. Gertrud von Le Fort war Mitherausgeberin der Zeitung „Das literarische Deutschland". Dabei hielt sie auch Kontakt zu anderen bekannten Literaten wie Reinhold Schneider und Hermann Hesse. Unter den katholischen Schriftstellern des 20. Jahrhunderts nimmt sie einen herausragenden Platz ein. Sie machte Kulturgeschichte.

Gertrud von Le Fort
(1876–1971)

Gertrud von Le Fort: „Das Geheimnis, um das es geht, aber ist: Dass man mit der Aufopferung Gottes auch die Welt opfert, dass der Verrat an der Religion den Verrat an der Kultur nach sich zieht, nach sich ziehen muss. Die abendländische Kultur wird genauso lange leben wie die abendländische Religion."[41]

▶ Vom Allgäu machen wir nun einen großen Sprung ins nördliche Württemberg.

Schönenberg bei Ellwangen

... und Pater Philipp Jeningen

Konrad Adenauer und Helmut Kohl waren wohl die berühmtesten Wallfahrer auf dem schwäbischen Schönenberg. Sie ließen es sich nicht nehmen, dort zu beten und Reden zu halten. Aber die herrliche barocke Schönenberg-Kirche, von der man weit ins ostschwäbische Land hinausschauen kann, ist vor allem das Ziel von Tausenden frommer Schwaben und speziell von ebenso vielen und frommen Heimatvertriebenen. Viele Tausende Donauschwaben waren nach der Vertreibung aus Ungarn und Rumänien nach Deutschland gekommen. Für sie war die Wallfahrt auf den Schönenberg eine fromme Tradition. Dort konnte man sich wiedersehen sowie Glaube, Hoffnung und Liebe teilen.

Die Wallfahrtskirche war nach einem Gelübde im Jahr 1681 entstanden, als ein Blitzschlag in Ellwangen die ganze Stadt zu zerstören drohte. Der Landesherr Baron von Adelmann versprach dem beliebten Seelsorger Philipp Jeningen, die Wallfahrtskirche außerhalb der Stadt oben auf dem Berg zu erbauen. Die Barockarchitekten taten ihr Bestes. Nun ist die Kirche ein Ort der Sammlung vor Gott und stiftet eine Gemeinschaftskultur, über die sich andere freuen würden.

Die geistliche Seele in der Gründungszeit war der Jesuit Philipp Jeningen. Er war im 17. Jahrhundert ein beliebter und engagierter Seelsorger. Heute noch wird er der „gute Pater Philipp" genannt, und viele beten an seinem Grab. Er wurde im Jahr 2022 seliggesprochen. Auch der Mann mit dem fast gleichen Namen, der ehemalige Bundestagspräsident Philipp Jenninger, hing sehr an dem großen Seelsorger und dem Schönenberg.

Philipp Jeningen: „In allem Glück und Unglück bleibt uns die Freude: die heiligste Gegenwart des besten, gütigsten, liebevollsten, geliebten Gottes. Er bleibt, wenn alles Übrige vergeht. Er verlässt uns nicht, wenn alles uns verlässt."

▶ Weiter geht's aus dem katholisch geprägten Ellwangen ins sehr evangelische Stuttgart.

Johannes Reuchlin

Kampf gegen Bücherverbrennung

Auch aus dem weniger akademischen Stuttgart kommt eine deutsche Geistesgröße: Johannes Reuchlin. Ihm gebührt das Verdienst, einen wesentlichen Beitrag zur Versöhnung zwischen Christen und Juden geleistet zu haben. In ihm sehen die Juden einen der Ersten, der gründlich ihre Sprache lernte und ihre heiligen Schriften verstand und verteidigte.

Johannes Reuchlin kam 1455 in Pforzheim zur Welt, studierte in Basel, Freiburg, Orleans und Poitiers, lebte dann die meiste Zeit in Stuttgart, Tübingen und Heidelberg. Das Entscheidende in seinem Leben war seine Argumentation und sein Kampf gegen die Verbrennung jüdischer Schriften. Der zum Christentum konvertierte Jude Johannes Pfefferkorn zog nämlich durch deutsche Lande und versprach denen viele Groschen, die jüdische Bücher zum Verbrennen bringen.

In Mainz entschied der Bischof: „Wir verbrennen sie nur, wenn wir wissen, dass in den Büchern gotteslästerliche Sachen stehen." Er berief den Kenner Reuchlin, und der bezeugte: In jüdischen Büchern stehen nur gottgefällige Dinge. Reuchlin kämpfte mit Erfolg und wurde von Juden und Nichtjuden bis ins 20. Jahrhundert dankbar verehrt.

Johann Wolfgang von Goethe schreibt in den „Zahmen Xenien": „Reuchlin! Wer will sich mit ihm vergleichen, zu seiner Zeit ein Wunderzeichen."

Gershom Scholem sagte in einer Rede 1969 anlässlich der Verleihung des Reuchlin-Preises: „Wenn ich an Seelenwanderung glaubte, würde ich wohl manchmal denken können, unter den neuen Bedingungen der Forschung eine Art Reinkarnation Johannes Reuchlins, des ersten Erforschers des Judentums, seiner Sprache und seiner Welt, und speziell der Kabbala, zu sein, des Mannes, der vor fast fünfhundert Jahren die Wissenschaft vom Judentum in Europa ins Leben gerufen hat."

Johannes Reuchlin (1455–1522)
Kupferstich (o. J.)

Der Tübinger Historiker Sönke Lorenz schreibt: „Angesichts der Bücherverbrennung der Nazis und der bleibenden Wunde des Holocausts wächst für die Nachlebenden dem von Reuchlin geführten Streit um Judenrechte eine besonders kostbare Bedeutung zu, scheint doch bei diesem Gelehrten die rare historische Alternative zur Ideologie des Antijudaismus auf."

> Heinrich Heine: „[…] da hätte man gern auch die jüdische Tradition unterdrückt, und man ging damit um, alle hebräischen Bücher zu vernichten, und am Rhein begann die Bücherverfolgung, wogegen unser vortrefflicher Doktor Reuchlin so glorreich gekämpft hat. Die Kölner Theologen, die damals agierten, besonders Hoogstraeten, waren keineswegs so geistesbeschränkt, wie der tapfere Mitkämpfer Reuchlins, Ritter Ulrich von Hutten, sie in seinen ‚litteris obscurorum virorum' schildert. Es galt die Unterdrückung der hebräischen Sprache. Als Reuchlin siegte, konnte Luther sein Werk beginnen."[42]

▶ Aus der württembergischen Hauptstadt kommt auch der Nachfolger von Frère Roger Schutz als Prior der Gemeinschaft von Taizé.

Frère Alois von Taizé

Auf großen Spuren

Schon zu seinen Lebzeiten bestimmte der Gründer der ökumenischen Gemeinschaft von Taizé, Roger Schutz, seinen Nachfolger: Frère Alois. Im Jahr 1970 war der katholische Ministrant aus Stuttgart sechzehnjährig erstmals nach Taizé gekommen und war fasziniert von der Gemeinschaft der Brüder. Frère Roger zeigte ihm auf außergewöhnliche Weise, dass Gott Liebe ist und dass seine Liebe nicht von den Menschen abhängt. Drei Jahre später schloss sich der junge Mann der Gemeinschaft an. 1978 legte er sein endgültiges Versprechen zur Bindung an die Kommunität ab. Anschließend studierte er katholische Theologie in Lyon. In Begleitung einiger Brüder machte Frère Alois Besuche bei Papst Benedikt XVI., beim griechisch-orthodoxen Patriarchen Bartholomäus, beim Weltkirchenrat, beim orthodoxen Patriarchen in Moskau und beim Erzbischof von Canterbury. Er betont dabei immer wieder, dass die Taizé-Brüder leidenschaftlich die Gemeinschaft aller Christen suchen. Alle Getauften seien eine Einheit in Christus. Darüber hinaus muss Frère Alois auch die kleinen Fraternitäten unter armen Menschen z. B. in Brasilien, Bangladesch, Senegal und Korea besuchen.

Die internationalen Jugendtreffen in Taizé jede Woche gehen weiter, ebenso wie die europäischen Jugendtreffen am Jahresende in einer der Großstädte des europäischen Kontinents. Ferner finden Treffen in Asien, Südamerika und Afrika statt, um den von Frère Roger vor über dreißig Jahren begonnenen „Pilgerweg des Vertrauens“ auszuweiten. Solange es den „Ostblock“ gab, besuchte Frère Alois Christen in Mittel- und Osteuropa. Der Prior hat ein ausgeprägtes Interesse an Musik und Liturgie und begleitet viele Jugendliche persönlich.

Frère Alois (* 1954)
Foto aus dem Jahr 2019 beim Taizé-Treffen in Breslau

Aus der Schrift „Das Gebet Jugendlicher in Taizé“: „Die Gesänge von Taizé entsprechen keinem populären Musikstil, sondern setzen eine zutiefst monastische Tradition fort. Ihre Texte sind weitgehend den Psalmen und anderen Schrifttexten entnommen; es sind meditative Wiederholgesänge […] Durch Gesang und Stille entdecken die Jugendlichen ein neues Herz, ein Herz ohne Falten, ein aufgefaltetes Herz […] Ein offenes und lauteres Herz lernt, Entscheidungen und Intuitionen reifen zu lassen, dem Leben eine Richtung zu geben, heikle Situationen und Sackgassen zu erkennen.“[43]

▶ Unweit der schwäbischen Hauptstadt kommen wir in die alte Reichsstadt Esslingen.

Theodor Haecker

Prophet gegen die Nazis

In einem Text an seine Landsleute schrieb Theodor Haecker 1941: „Man spricht von euch, weil ihr die besten Maschinen habt – und seid. In diesem Staunen der Welt ist kein Funke von Liebe. Und nur Liebe gibt Glanz. Ihr haltet euch für auserwählt, weil ihr die besten Maschinen, Kriegsmaschinen baut und sie am besten bedient. Ihr seid grotesk und ‚un'-menschlich. Eine andere Rasse! Ihr Freunde, nicht diese Menschen! Lasset uns andere schaffen … Aber wie? Christlich ist nur ein Weg: Umkehr, tätige Reue."[44] Haecker war der Geist, der hinter den Studenten der „Weißen Rose" stand. Er hat die Geschwister Scholl und ihre Kollegen wesentlich inspiriert.

Geboren wurde er 1879 im Hohenlohekreis. Er studierte in Berlin und München, war tief beeindruckt vor allem von Max Scheler, wurde dann Übersetzer in einem Verlag und schrieb viel beachtete kulturkritische Essays. Unter dem Eindruck der Schriften von Kierkegaard und Newman konvertierte er mit rund 40 Jahren zur katholischen Kirche, wurde zum „katholischen Existenzialisten" und zum großen Kritiker zunächst der Kultur der Weimarer Republik und dann des Nationalsozialismus. Fachleute nennen ihn den bedeutendsten katholischen Schriftsteller zwischen den Kriegen. 1935 erhielt er von den Nazis Redeverbot, selbständig schreiben durfte er auch nicht mehr, nur Übersetzungen machen. Haecker gilt als herausragende Person der inneren Emigration deutscher Denker. Sein Haus in München wurde von Bomben zerstört. Er starb im April 1945 und hinterließ seine Frau mit drei Kindern.

Theodor Haecker
(1879–1945)

Zwei Zitate mögen ihn charakterisieren.

> Zum Ersten Weltkrieg schrieb er: „Edel in diesem Krieg ist nur eines: Aufhören, aufhören, aufhören mit der ehrlosen Menschenschlächterei oder doch dafür sorgen und arbeiten, dass aufgehört wird."[45]
> Kurz nach Ausbruch des Zweiten Weltkriegs notierte er: „Der Weg des Heils kann nicht sein die Zusammenschweißung einer Masse, sondern eher die Zertrümmerung."[46]

▶ Nun machen wir einen Sprung über den Rhein. Wir kommen ins Elsass, genauer nach Straßburg, einem Herzen Europas, und treffen dort einen Ur-Europäer.

Otto von Habsburg

Kaiser in Sachen Demokratie

Es kommt eher selten vor, dass eine Person mit „blauem Blut" aus dem höchsten Adel in eine demokratische Geistesschlacht einsteigt und alle Mühe der politischen Auseinandersetzungen mitträgt. So war es beim Sohn des letzten österreichischen Kaisers. Bei seiner Geburt im Jahr 1912 hatten seine Standesgenossen noch die leise Hoffnung, dass er mit der Dynastie Habsburg Wien auf alter Höhe halten könne. Sein Vater war ja in der Verbannung auf Madeira gestorben.

Otto von Habsburg aber ließ sich auf die demokratischen Auseinandersetzungen ein und kämpfte für ein geeintes Europa auf der Basis christlicher Überzeugungen. Er musste sich die nötige Bildung wie alle anderen in der Demokratie erarbeiten, studierte in Belgien soziale und politische Wissenschaften und promovierte in Leuven. Dazu erlernte er sieben Sprachen.

All dies war getragen von einem tiefen persönlichen Glauben an Jesus Christus. Aus ihm nährte sich auch seine Ablehnung von Nationalsozialismus und Kommunismus. Als der junge Adolf Hitler versuchte, mit dem jungen Habsburg Kontakt aufzunehmen, lehnte dieser kategorisch ab.

Seine Sache war dann die Paneuropa-Union für die europäische Einigung. Plattform dafür war seine Mitgliedschaft bei der Christlich-Sozialen Union in Bayern. 30 Jahre war er Präsident der Internationalen Paneuropa-Union, 20 Jahre, von 1979 bis 1999, für die Christlich-Soziale Union Abgeordneter im Europäischen Parlament und zweimal dessen Alterspräsident. Er drängte bei der Erarbeitung einer Europäischen Verfassung darauf, einen Gottesbezug in die Verfassung einzubauen. Zudem war er in der Europäischen Volkspartei rund 20 Jahre lang Obmann des politischen Ausschusses. Nach seinem Ausscheiden aus dem Europaparlament im Jahr 1999 aus gesundheitlichen Gründen war Otto von Habsburg noch publizistisch tätig.

Otto von Habsburg (1912–2011)

In den Jahren vor dem Zweiten Weltkrieg hatte Adolf Hitler mehrfach Jagd auf Habsburg gemacht. Dieser hatte sich von Belgien aus, wohin die Familie geflohen war, wiederholt strikt gegen den „Anschluss" Österreichs ausgesprochen und wurde steckbrieflich verfolgt. 1940 musste er mit Familie über Frankreich, Spanien und Portugal in die USA fliehen. Dort hatte er Gespräche mit Franklin Roosevelt und Winston Churchill. Nach Deutschland zurückgekehrt, wohnte er seit 1954 mit seiner Familie am Starnberger See. Von dort aus war er als CSU-Politiker bis zu seinem Tod im Jahr 2011 tätig.

> Otto von Habsburg: „Gott ist der Herr der Geschichte, und wir sind seine Mitarbeiter. Der christliche Glaube hat das Großwerden und Erstarken Europas möglich gemacht. Allein die Existenz Gottes als Schöpfer des Menschen garantiert die Menschenwürde. Der Begriff der Menschenwürde und die Entwicklung der Menschenrechte sind ohne das Christentum und dessen jüdische Wurzeln nicht denkbar. Wenn auch oft behauptet wird, die Menschenrechte seien erst durch die Aufklärung formuliert worden, so ist darauf aufmerksam zu machen, dass auch die Aufklärer ihre philosophische Basis in der Nächstenliebe und der Scholastik der Mönche des Mittelalters fanden."[47]

▶ Straßburg ist die Heimat eines sehr erstaunlichen Mannes, den in Europa nur wenige kennen.

Alphonse Ratisbonne

Jüdischer Apostel Jesu Christi

Wie vom Blitz getroffen bat der französische Jude nach einer harten Diskussion über den christlichen Glauben um die Taufe. Mit einem Schlag wurde er von einem Spötter und Verächter des Christentums zu einem glühenden Christen und einem Glaubensverkünder unter den Juden. Er war damals 26 Jahre alt.

Auf der Reise in den Nahen Osten im Jahr 1842 war Alphonse Ratisbonne nach Rom gekommen und wurde hier von einem französischen engagierten Katholiken in ein langes Gespräch über Glaubensfragen verwickelt. Ratisbonne schreibt später: „Ich betrachtete ihn als einen heuchlerischen Frömmler im schlimmsten Sinn dieses Wortes [...] Aber meine Angriffe auf die katholische Kirche lenkten nun unser Gespräch auf das religiöse Gebiet. Der Baron sprach nun von der Erhabenheit der katholischen Kirche, während ich darauf nur mit ironischen Bemerkungen und Anschuldigungen gegen die Kirche reagierte, wie ich solche von den Gegnern des christlichen Glaubens gehört oder in ihren Schriften gelesen hatte."[48] Der Gastgeber war ein wenig frech, sogar kühn und fragte Ratisbonne: „Da Sie ja nicht an unsere Sachen glauben, haben Sie den Mut, diese Marienmedaille umzuhängen und dies Gebet zu sprechen, das ich ihnen gebe?" Um endlich Ruhe zu haben, ergab sich Ratisbonne, hängte sich die Medaille um, verabschiedete sich und ging abends ins Theater. An den nächsten Tagen bemerkte er, wie er unbewusst immer den vorgeschlagenen Gebetstext „Gedenke, o mildreichste Jungfrau" wiederholte.

Am Tag vor seiner Abreise Richtung Jerusalem war er nochmals in die Kirche „Andrea delle fratte" gegangen. Sein Freund fand ihn dort plötzlich auf dem Boden kniend, tränenüberströmt, die Medaille

Alphonse Ratisbonne
(1814–1884)
Foto aus dem Jahr 1865

küssend. Er bat so schnell wie möglich um die Taufe und wurde sogleich getauft.

Der Anwalt Ratisbonne war 1814 geboren worden und ist 1884 in Jerusalem gestorben. Er wurde Priester, trat in den Jesuitenorden ein, gründete im Heiligen Land Hilfseinrichtungen für arme jüdische Kinder und arbeitete dort bis zu seinem Lebensende im sozialen Bereich.

Paulus schreibt: „Den Juden bin ich ein Jude geworden, um Juden zu gewinnen; denen, die unter dem Gesetz stehen, bin ich, obgleich ich nicht unter dem Gesetz stehe, einer unter dem Gesetz geworden, um die zu gewinnen, die unter dem Gesetz stehen." (1 Kor 9,20)

▶ Unweit von Straßburg staunen wir in Colmar über eines der wirkmächtigsten Kunstwerke der Malerei, den Isenheimer Altar.

Matthias Grünewald

Malerische Dramatik

Die Dramatik des Lebens Jesu Christi stellt für Literatur, Musik, Baukunst und Malerei in Europa eine unglaubliche Herausforderung dar. Ohne das Erscheinen des Mannes aus Nazareth, der im Namen Gottes auftritt, wäre die Kunst in Europa völlig anders geworden.

In der Kunst- und Kulturgeschichte Mitteleuropas sind die Arbeiten von Matthias Grünewald Meilensteine. Er steht an der Schwelle zwischen Gotik und Renaissance und hat eine Einfühlung in christliche Grundgedanken, die herausragt. Geboren wurde Matthias Neidhard-Gotthard, genannt Grünewald, um das Jahr 1455 in Würzburg, gestorben ist er 1528 in Halle.

Grünewald ist der Gegenpol zu Albrecht Dürer, dem er wohl 1503 begegnete, und ein Zeitgenosse von Lucas Cranach und Hans Holbein. Rund zehn Jahre später erhält er den Auftrag zu seinem Hauptwerk, dem Isenheimer Altar mit der Darstellung des gekreuzigten und auferstandenen Jesus. Das sehr drastisch dargestellte Leiden Christi soll den Pestkranken, bei denen der Altar steht, zeigen, wie der Herr am Kreuz gelitten hat. Grünewald lebt aus der Mystik.

Weitere herausragende Kunstwerke sind die Stuppacher Madonna und der Erasmus-und-Mauritius-Altar. Als er wegen seiner Einstellung zu den Bauernaufständen und einer gewissen Sympathie zur Reformation seine Anstellung in Mainz verliert, flieht er nach Frankfurt und anschließend nach Halle, wo er gestorben ist. Grünewald zählt sicher zu den berühmtesten Malern Europas.

Matthias Grünewald
(um 1455–1528)
Kupferstich nach einem
Selbstbildnis, um 1675

„Und das Wort ist Fleisch geworden und hat unter uns gewohnt, und wir haben seine Herrlichkeit gesehen, die Herrlichkeit des einzigen Sohnes vom Vater, voll Gnade und Wahrheit." (Joh 1,14)

▶ Zurück über den Rhein begegnen wir in Baden-Baden einem Mann des Schreibens und Denkens.

Reinhold Schneider

Allein der Beter

Wenn überhaupt einer den gottlosen Ungeist des Nationalsozialismus in Literatur verwandeln konnte, dann war es der zur katholischen Kirche konvertierte Dichter und Denker Reinhold Schneider. In seiner Erzählung „La Casas vor Karl V." verurteilt er 1938 indirekt mit harten Argumenten die Menschenvernichtung durch die Nazis. Kein Wunder also, dass er Publikationsverbot erhielt. Aber die Kritiker des Nationalsozialismus verstanden den Vergleich zwischen der Versklavung der Indios durch die Spanier und der geplanten Verschleppung der Juden aus dem Herzen Europas in den Osten.

Reinhold Schneider war 1903 weit vom christlichen Glauben entfernt im mondänen Baden-Baden in sehr wohlhabenden Verhältnissen groß geworden. Er lebte dann lange Zeit in unmittelbarer Nähe des Regimes in Potsdam. Prophetisch erkannte er früher als andere das heraufziehende Unheil. Er schrieb gegen den Wahn der Zeit. In seinem Buch „Verhüllter Tag" heißt es: „In den Anfechtungen, die härter, schrecklicher werden mit steigenden Jahren, mit der Enthüllung der Erde und Geschichte des Menschen, gewisser Lebensgesetze, der eigentlich untragbaren Übermacht des Kosmos, ist mir doch das geblieben: Christus kann nicht lügen; er wollte die Wahrheit nicht lehren, sondern sein." Nur weil der Krieg zu Ende ging, entkam er dem Zugriff der Gestapo, die seine Wohnung mehrfach durchsuchte.

Viele Hitlergegner sahen in ihm das „Gewissen der Nation". Aus seiner Frieden suchenden Haltung heraus wurde er sogar zum Sympathisanten Moskaus und zum Pazifisten. Er war gegen die Wiederbewaffnung. So wurde Reinhold Schneider eine umstrittene

Reinhold Schneider (1903–1958)
Foto aus dem Jahr 1956

Persönlichkeit. Bundespräsident Theodor Heuss beendete die Diskussion um Schneider und verlieh ihm 1952 den Orden der Friedensklasse „Pour le merite". 1956 erhielt er den Friedenspreis des Deutschen Buchhandels. Bis heute gilt, was er 1936 formulierte:

> „Allein den Betern kann es noch gelingen
> Das Schwert ob unsern Häuptern aufzuhalten
> Und diese Welt den richtenden Gewalten
> Durch ein geheiligt Leben abzuringen."

▶ Jetzt geht es nach Freiburg im Breisgau.

Gertrud Luckner

Retterin vieler Juden

Ein Todesmarsch sollte eigentlich ihr Ende bedeuten und den Sieg des Nationalsozialismus über die engagierte Pazifistin und Judenretterin. Die Nazis wollten Gertrud Luckner noch im Mai 1945 vor der Ankunft der Sowjettruppen im KZ Ravensbrück in den Tod marschieren lassen. Gertrud Luckner überlebte. Sie war gerade 45 Jahre alt.

In Königsberg war Gertrud Luckner bei evangelischen Pflegeeltern groß geworden, hatte in Freiburg im Breisgau Volkswirtschaft studiert und wurde dort promoviert. Nach ihrer Konversion vom Quäkertum zur katholischen Kirche konnte sie durch ihre Anstellung bei der Caritas unzählige Juden vor der Verschleppung retten und brachte sich dabei in größte Lebensgefahr. Jahrelang wurde sie von der Gestapo bespitzelt. Doch sie suchte weiterhin nach Verstecken für Verfolgte und sabotierte Lastwagen, in denen Juden abtransportiert wurden. Vor allem an der Schweizer Grenze war sie tätig, um Juden zur Flucht zu verhelfen.

1943 wurde sie verraten, kam ins Gefängnis und schließlich als „Politische“ nach Ravensbrück ins KZ, musste Zwangsarbeit leisten und überlebte nur durch die Hilfe von Leidensgenossinnen. Nach dem Krieg leitete sie die Caritas-Fürsorge für Verfolgte und wurde Schriftleiterin einer Zeitschrift, die für Versöhnung zwischen Christen und Juden kämpfte.

Der Staat Israel ehrte sie in vielfacher Weise. 1966 wurde sie in Yad Vashem als „Gerechte unter den Völkern“ ausgezeichnet. Sie starb 1995 in Freiburg im Breisgau.

Gertrud Luckner
(1900–1995)

Gertrud Luckner: „Es wird leider in Zukunft Verfolgungen geben. Die Hilfe von Mensch zu Mensch ist es, was die Diktatur nicht versteht. Merkwürdigerweise, … Menschen als Gruppen konnten nichts machen. Dann wären wir alle weg gewesen. Man musste natürlich versuchen, so lange wie möglich: man musste es nicht an die große Glocke hängen."[49]

▶ In der Nähe der Donauquellen liegt auch eine geistliche Quelle der Benediktiner.

Kloster Beuron

Geistliche Quelle an der oberen Donau

Es war keine Geringere als Edith Stein, die hier im Kloster auf ihrem Weg der Gottsuche einen Schritt nach vorne machte. Beim Chorgebet der Benediktinermönche kam sie in neue Tiefe. Vermutlich sind es Dutzende, wenn nicht Hunderte, die hier im schönen Donautal den Glauben an Jesus Christus neu fanden und ihr Leben daran ausrichteten.

Gegründet wurde das weitläufige Kloster 1077 als Augustiner-Chorherrenstift. Um 1700 begann das benediktinische Leben. 1802 wurde dem Kloster durch die Aufklärung das Leben genommen, aber 60 Jahre später konnten die Mönche wieder einziehen. Die Bevölkerung zwischen Bodensee und Schwarzwald wusste wieder, dass sie hier Beter und Denker findet, die den Geist des Evangeliums ins Land zurückbringen. Seither beten, schaffen und singen in Beuron Priester und Brüder zur Ehre Gottes. Ihr Wirken nach dem Motto „Dass in allem Gott verherrlicht werde“ strahlt in die ganze Gegend an der oberen Donau.

„Kommt, lasst uns jubeln dem Herrn, jauchzen dem Fels unsres Heils!“ (Ps 95,1)

Augustin Bea

Kardinal der Ökumene

Ein Riesenschritt der katholischen Kirche zur Einheit der Christen geht auf den Jesuiten Kardinal Augustin Bea zurück. Er ist das Glanzstück seines Heimatortes Riedböhringen in Südbaden. Er war der Mann im Vatikan für die Ökumene, er war der erste Vorsitzende des neu gegründeten vatikanischen Sekretariats für die Förderung der Einheit der Christen.

Geboren wurde Bea 1881. Mit rund 20 Jahren trat er in den Jesuitenorden ein, studierte Philosophie, Theologie und Orientalistik, wurde Professor für biblische Theologie und alttestamentliche Exegese in Rom und leitete das Päpstliche Bibelinstitut. Schließlich berief ihn Papst Johannes XXIII. ins Kardinalskollegium und in mehrere vatikanische Kongregationen. Seine große Stunde kam, als Papst Paul VI. erkannte: Er ist der Mann für die Suche nach der Einheit der Christen und für den Dialog mit den Juden und schließlich auch für den Dialog mit den Nichtglaubenden. Nun war Bea ganz in seinem Element und an der Spitze der geistigen Entwicklung der katholischen Theologie und Kirche. Er beeinflusste im Zweiten Vatikanischen Konzil maßgeblich den Fortschritt in der Ökumene. Ebenso war er führend im Zugehen auf

Augustin Bea (1881–1968)
Foto aus dem Jahr 1966

die Juden. Auf seinen Einfluss geht es zurück, dass das Konzil entschied: Der Begriff „Gottesmörder“ ist absolut untragbar. Schließlich machte er seine Argumente geltend, dass die katholische Kirche in einen aufrichtigen Dialog mit den Menschen treten muss, die von sich sagen, sie seien Nichtglaubende.

Auch die Suche nach Kircheneinheit, nach Ökumene, nach Versöhnung mit den Juden, nach Dialog mit Nichtglaubenden ist ein Stück Kulturgeschichte. So wie die Spaltung der katholischen und evangelischen Kirche im Wesentlichen in Deutschland begann, so auch die Suche nach der Wiedervereinigung der Kirchen. Im Zweiten Vatikanum wurde erkannt: Spaltung ist ein Skandal, ein Hindernis für die Verbreitung des Glaubens an Jesus Christus, ein Hindernis gegen ein christliches Europa. Kardinal Bea war einer der Vorkämpfer dieses „kirchlichen Kulturkampfes“.

> Oliver Tomkins, ehemaliger Generalsekretär der Bewegung für Glauben und Kirchenverfassung: „Selbst angesichts der tiefen Spaltungen [...] finden die Herzen vieler Christen ihre tiefste Gewissheit, dass der Pfad zur Einheit nicht für immer verschlossen sein wird, in der Tatsache, dass das ernste Gebet in diesem Geiste bereits ein wachsendes Heer in allen Konfessionen vereinigt. Andere Waffen mögen stumpf werden, aber niemand kann die Wirksamkeit dieser Waffe des selbstverleugnenden Gebetes bezweifeln, auch wenn wir ihre Wirkung nicht ermessen können.“

▶ Verborgen sind manche Schätze, wie etwa unser nächstes Ziel.

Kloster Zwiefalten

Schwäbisches Barockjuwel

Wer kennt schon das Benediktinerkloster Zwiefalten? „De Schwobe kennets scho." Schließlich wurde es schon um das Jahr 1100 gegründet. Das herrliche Barockkloster in Oberschwaben zwischen Reutlingen und Riedlingen ist eine Reise wert.

Hier blühte um 1500 der Humanismus, hier bauten und malten die besten Barockkünstler, hier gab es Ärger mit dem Kloster, das mitten in einem evangelisch gewordenen Herzogtum Württemberg katholisch bleiben wollte. Unzählige Kunstschätze sind hier südlich der Schwäbischen Alb versammelt. 1689 feierte man den Jahrestag der Gründung, wozu rund 25 000 Pilger kamen. Es zeigte sich, dass das Pilgerziel zu klein war. 1739 begann auch aus diesem Grund der Abriss der romanischen Kirche. Dann fand der Abt des Klosters den genialen Architekten Johann Michael Fischer aus Oberbayern. Der Bau wird enorm groß, 99 Meter lang. Aber auch die Verantwortlichen für die Innenausstattung, die Dekoration der Decke und der Wände arbeiteten mit großem Einsatz. 1750 erhielt das Kloster die Reichsunmittelbarkeit. Es wurde Reichsabtei, die Äbte wurden Landesherren und waren im Reichstag vertreten. Mit der Säkularisation 1802 war es zu Ende mit der Klosterherrlichkeit. Der Besitz des Klosters ging an das Königreich Württemberg. Das Entscheidende aber ist die Kunst in Zwiefalten.

► Jetzt geht's in die Bodenseeregion – vom Allgäu bis in den Breisgau. Dorthin nämlich zogen einige Mönche aus Irland und Schottland, um den „wilden Germanen" die Gedanken der Bergpredigt Jesu nahezubringen.

Die iroschottischen Mönche

Kulturträger am Bodensee

Der Bodenseeraum ist geprägt durch einige Männer, die von weit herkamen: Magnus, Gallus, Fridolin, Wendelin, Pirmin, Trudbert und andere. Die iroschottischen Mönche verstanden sich als Wandermönche, hatten keine langfristigen Wohnsitze. „Die Mönche aus Irland und Schottland waren ihrem ganzen Charakter nach verschieden von den gallischen Mönchen, die wie die orientalischen Asketen ein völlig aktionsloses Dasein führten, in Gebet und Bußübung ihren eigentlichen Lebenszweck erblickten und jeder Einflussnahme auf ihre Umgebung sich enthielten. Im Gegensatz dazu bringen die Insulaner [...] alle Erfordernisse eines Missionarius Apostolicus mit sich, vor allem eine Unerschrockenheit vor allen Gefahren und Entbehrungen und einen rastlos unsteten Wandertrieb, aber auch eine aufs Praktische und Einfachste gehende Lebensrichtung und Auffassung der christlichen Lehre.“[50]

Das Christentum war erstaunlicherweise zunächst von Griechenland und Italien übers Meer nach Irland und Schottland gekommen. Von dort machten christliche Lebensvorstellungen ihren Weg vor allem nach Süddeutschland und in die Schweiz.

Eine kritische Rückfrage kann man beantworten mit Blick auf das Kloster St. Gallen mit seiner weltberühmten Bibliothek, das eben auf den Missionar Gallus zurückweist. Die kulturträchtige Bodenseeinsel Reichenau ist ohne den heiligen Pirmin nicht zu denken. Missionare unterdrückten nicht, sondern schufen Kultur.

„Da trat Jesus auf sie zu und sagte zu ihnen: Mir ist alle Vollmacht gegeben im Himmel und auf der Erde. Darum geht und macht alle Völker zu meinen Jüngern; tauft sie auf den Namen des Vaters und des Sohnes und des Heiligen Geistes und lehrt sie, alles zu befolgen, was ich euch geboten habe. Und siehe, ich bin mit euch alle Tage bis zum Ende der Welt." (Mt 28,18–20)

Vinzentinerinnen

Schwestern vom heiligen Vinzenz von Paul

Ein kulturelles Phänomen, das anscheinend dem Ende entgegengeht, sind die Ordensfrauen mit den großen weißen Hauben. Sie waren vor allem in vielen Krankenhäusern unübersehbar. Es sind die Vinzentinerinnen. Seit über 350 Jahren kümmerten sich diese „Dames de Saint-Vincent-de-Paul" um Kranke und Sterbende. Ihren üblichen Namen „Vinzentinerinnen" haben sie von ihrem Gründer, dem heiligen Vinzenz von Paul, der von 1581 bis 1660 in Frankreich gelebt hatte.

Den Schwestern legte der Priester ans Herz: „Die Armen sind unsere Herren, sie sind unsere Könige. Man muss ihnen gehorchen. Es ist keine Übertreibung, sie so zu bezeichnen, denn in den Armen ist unser Herr gegenwärtig." Und als Lebensregel gab er ihnen mit: „Ihr habt als Kloster die Häuser der Kranken, als Zelle eine Mietkammer, als Kapelle die Pfarrkirche, als Kreuzgang die Straßen der Stadt, als Klausur den Gehorsam, als Gitter die Gottesfurcht und als Schleier die heilige Bescheidenheit."

Doch bis es zu diesen Regeln kam, hatte er einen weiten Weg zurückgelegt: Von Piraten wurde Vinzenz in Tunis als Sklave verkauft. Nach drei Jahren kam er frei, wurde Hausgeistlicher einer reichen Familie auf dem Land. Dort lernte er die Not der Landbevölkerung kennen. Um seine Arbeit auszudehnen, gründete er zunächst eine männliche Gemeinschaft, dann eben die Gemeinschaft „Töchter der christlichen Liebe", wie sie zunächst hießen.

Die Gemeinschaft der Christen brauchte lange Zeit, bis sie erkannte, dass Nächstenliebe ebenso wichtig ist wie Kontemplation im

Kloster. Aber so machten die Christen Kulturgeschichte. Was wäre Europa ohne die Hospitäler, die christlichen Kranken- und Seniorenheime, die Nächstenliebe, die Caritas?

> VINZENZ VON PAUL: „O meine Schwestern, wie wahr das ist: Ihr dient Jesus Christus in der Gestalt der Armen […] Wenn eine Schwester zehnmal am Tag die Kranken besucht, dann wird sie zehnmal am Tag Gott treffen […] Geht arme gefesselte Sträflinge besuchen, so werdet ihr dort Gott finden. Dient diesen armen Kindern, so werdet ihr Gott finden. Ihr geht in arme Häuser, aber ihr werdet dort Gott finden. […] Wenn ihr das Gebet und die heilige Messe verlasst, um den Armen zu dienen, verliert ihr nichts, da es dasselbe bedeutet, wie zu Gott zu gehen.“[51]

▶ Auf dem Bodensee fahren wir nun mit dem Schiff in die Schweiz und zunächst ins geistliche Herz der Eidgenossenschaft.

Kloster Einsiedeln

Das Herz der Schweiz

Am Anfang des Klosters stand ein Mord: Zwei Räuber hatten im Jahr 861 den Mönch Meinrad erschlagen, der sich hier im finsteren Walde auf seiner Suche nach Gott eine Einsiedelei errichtet hatte. Dieser schwäbische Mönch war auf der Bodenseeinsel Reichenau in die Gemeinschaft der Benediktiner eingetreten, doch es zog ihn in die Berge, um allein zu sein. Aber seine Einsamkeit war anziehend, daher entstand um 930 eine Klostergemeinschaft. Und als Bischof Konrad von Konstanz am 14. September 948 eine neue Klosterkirche einweihen will, hört er eine Engelsstimme vom Himmel: „Christus hat sie schon geweiht." Er unterlässt die Weihe. Seither ist der 14. September das große Engelfest von Einsiedeln.

Im Mittelalter kommen Wallfahrer aus vielen Teilen Europas. Eine spätgotische Marienstatue „Unsere Liebe Frau von Einsiedeln" wird jetzt der Mittelpunkt der Frömmigkeit. Das Kloster wird das geistliche Herz der Schweiz. Heute finden sich jährlich wohl eine halbe bis eine Million Menschen hier ein. Es sind vor allem Schweizer, aber auch Süddeutsche, Österreicher, Polen, Italiener werden angezogen. Viele von ihnen besuchen dann den Bruder Nikolaus von Flüe. Im Kloster selbst leben etwa 60 Benediktinermönche.

„In der Frühe, als es noch dunkel war, stand Jesus auf und begab sich an einen einsamen Ort, um zu beten." (Mk 1,35)

▶ Wir fahren weiter nach Süden, nach Sachseln im Kanton Obwalden, und besuchen den Patron der Schweiz.

Nikolaus von Flüe

Politiker und Mystiker

Die Eidgenossenschaft war 1481 in Gefahr auseinanderzubrechen. Da wirkte das kräftige Wort eines Landwirts und Familienvaters ein kleines Wunder. Die Städte Luzern, Zürich und Bern standen gegen die ländlichen Kantone Uri, Schwyz, Unterwalden, Glarus und Zug. Als der Streit auf dem Höhepunkt war, kam ein Pfarrer zu dem seltsamen Einsiedler Nikolaus, bekam einen Rat von ihm, den er den zerstrittenen Ratsherren mitteilte. Und – siehe da! – nach zwei Stunden waren sie sich einig. Nikolaus gilt bis heute als Retter der Eidgenossen.

Doch der 1417 geborene Mann aus Flüeli in Obwalden hatte eine seltsame Vorgeschichte. Nach seinem Kampf als Offizier im Alten Zürichkrieg heiratete er seine Frau Dorothea, bewirtschaftete den geerbten großen Bauernhof, wurde Ratsherr in seinem Kanton und Richter in seiner Gemeinde.

Nach zwanzig Jahren Ehe verließ er jedoch mit dem Einverständnis seiner Frau und seiner zehn Kinder die Familie und begann ein Leben als Einsiedler in der Ranftschlucht. Dort verbrachte der landesweit bekannte Ratgeber, Beter, Asket und Mystiker den Rest seines Lebens. Vor allem betrachtete er das Leiden Christi. Sein Bischof bestätigte, wovon man sprach: Er lebte ausschließlich vom Empfang der Kommunion. Viele politisch Einflussreiche aus den Ländern Europas kamen zu ihm und baten um seinen Rat. 1487 starb „Bruder Klaus", wie er nun genannt wurde, völlig ausgezehrt nach einem harten Todeskampf. Gleich nach seinem Tod galt er als Heiliger und sollte in der Pfarrkirche Sachseln beigesetzt werden, was völlig ungewöhnlich war. Doch es dauerte noch fast 500 Jahre, bis er 1947 von Papst Pius XII. heiliggesprochen wurde.

Nikolaus von Flüe (1417–1487)
Figur von Bruder Klaus in der Unteren Ranftkapelle im Wallfahrtsort Flüeli-Ranft

Nikolaus von Flüe: „Beladet euch nicht mit fremden Angelegenheiten, bündet euch nicht mit fremder Herrschaft, seid auf der Hut vor Zweigung und Eigennutz. Hütet euer Vaterland, haltet zu ihm. Pflegt nicht vorsätzliche Kriegslust. Wenn euch aber jemand überfällt, dann streitet tapfer für Freiheit und Vaterland."

„Erwirb Weisheit und Einsicht! Vergiss meine Worte nicht, sondern richte dich nach ihnen! Trenne dich nie von der Weisheit, sie wird dich beschützen. Liebe sie, dann lebst du in Sicherheit." (Spr 4,5 f.)

▶ Ein geistliches Genie des 20. Jahrhunderts kommt aus der Westschweiz oder französischen Schweiz, verbrachte aber die meiste Zeit seines Lebens in Frankreich und hat die christliche Welt ein wenig vom Kopf auf die Füße gestellt.

Frère Roger Schutz

Seele der Ökumene

Er war ein geistlicher Magnet für eine gottsuchende Jugend. Roger Schutz wurde in einem reformierten Pfarrhaus in der Schweiz geboren. Schon als Kind wurde er jedoch wegen des Schulbesuchs und des Umzugs seiner Eltern einer katholischen Witwe zur Pflege übergeben. Früh hatte er erklärt, dass er nicht an Gott glaube. Offenbar hatte er aber keine schlechte Kirchenerfahrung. Als junger Mann fühlte er sich zum Schriftsteller geboren, doch der Verlag lehnte sein Erstlingswerk ab, und das war eine Weichenstellung. Er entschloss sich, evangelische Theologie zu studieren. Seine Universitäten waren Lausanne und Straßburg. Wenn man seinen Lebensweg kennt, ist das Thema seiner akademischen Abschlussarbeit aufschlussreich: Es ging um das Verhältnis von Mönchtum und Evangelium.

Doch schon mit 20 Jahren suchte er nach einer geistlichen, religiösen Gemeinschaft. Und er fand per „Zufall" das winzige Dörfchen Taizé mit gerade fünfzig Bewohnern. Es lag nicht weit von der Demarkationslinie, die das von deutschem Militär besetzte Nordfrankreich vom Südteil trennte. Wegen dieser Grenze gab es viele Flüchtlinge und Gewalttaten. Roger rettete in Taizé Juden und viele andere vor der Gestapo und musste schließlich 1942 zurück in die Schweiz. 1944 wurde er von der reformierten Kirche zum Pastor ordiniert und kehrte mit drei Gefährten zurück nach Taizé. Hier half er deutschen Kriegsgefangenen und Kindern, die ihre Eltern im Krieg verloren hatten. Die Gruppe um Roger wuchs, und 1949 gründeten sie die Communauté de Taizé, in der sie gemeinsam Gelübde ablegten. Die Gemeinschaft und ihre Zentralfigur Prior Roger wurden bekannt. Papst Johannes XXIII. lud ihn als Beobachter zum Zweiten Vatikani-

Frère Roger Schutz (1915–2005)
Foto aus dem Jahr 2002

schen Konzil ein. 1970 kündigte Frère Roger ein „Konzil der Jugend“ für das Jahr 1974 an. Roger ging es um die Versöhnung. „Finde dich niemals ab mit dem Skandal der Spaltung unter den Christen“ – das war ein Grundsatz. Die Weiterentwicklung der Taizé-Bewegung ist weltbekannt. Das Lebensende von Frère Roger war vielleicht auch bezeichnend. Er war machtlos. So konnte ihn eine geistig verwirrte Frau während des Gebets in der Versöhnungskirche mit einem Messer erstechen.

Roger Schutz: „Gott will, dass wir glücklich sind. Wo aber liegt die Quelle dieser Hoffnung? Sie liegt in einer Gemeinschaft mit Gott, der im Grund der Seele jedes Menschen lebt.“ – „In jedem Menschen findet sich ein Teil der Einsamkeit, die keine menschliche Vertraulichkeit ausfüllen kann. Dort ist es, wo Gott uns begegnet.“ – „Gebet ist das Bewusstsein einer tiefen Freundschaft mit Gott.“ – „Christus lieben und die Kirche lieben, das ist eins.“ – „Lebe das, was du vom Evangelium verstanden hast. Und wenn es noch so wenig ist, aber lebe es!“ – „Maria hat ihren Sohn nicht für sich behalten, sondern der Welt hingegeben. In gleicher Weise sind auch wir berufen, die Menschen, die Gott uns anvertraut, nicht für uns zu behalten, sondern hinzugeben, was Gott uns gibt.“[52]

„Alle sollen eins sein: Wie du, Vater, in mir bist und ich in dir bin, sollen auch sie in uns sein, damit die Welt glaubt, dass du mich gesandt hast.“ (Joh 17,21)

▶ Zurück aus Frankreich an die Ecke von Deutschland, der Schweiz und Frankreich, nach Basel. Eine der herausragenden Gestalten der Reformationszeit lebte lange Zeit hier.

Erasmus von Rotterdam

Früher Aufklärer Europas

Der geniale Niederländer war in Kontakt zu allen Größen seiner Zeit und reiste so viel, wie wenn er ein Privatflugzeug gehabt hätte. Schon dies zeigt ein wenig seine Bedeutung. Er korrespondierte mit Martin Luther, Thomas Morus, Albrecht Dürer, Ulrich von Hutten, Georg Spalatin, John Colet, John Fisher und König Heinrich VIII., der den Bruch der Anglikaner mit Rom herbeiführte. Darüber hinaus war er – laut Wikipedia – in Briefkontakt mit vielen Päpsten, Königen und Fürsten.

Geboren wurde der Denker 1466 in Rotterdam als Sohn eines katholischen Priesters. Er besuchte die Lateinschule in Deventer. Angeblich wegen einer Pest entschied er sich für das Klosterleben bei den Augustiner-Chorherren in Delft. 1492 wurde er zum Priester geweiht, verließ aber für immer das Kloster, studierte Theologie in Paris und in England. Dann folgten Ortswechsel in die Niederlande, nach Paris und England. Den theologischen Doktor machte er in Turin und dozierte anschließend in Cambridge Griechisch. Darauf folgte eine weitere unruhige Zeit des Pendelns zwischen England, Burgund und Basel. In Burgund wirkte er mit an der Erziehung des späteren Kaisers Karl V. In Löwen gründete er die erste Einrichtung Europas zum Studium des Lateinischen, Griechischen und Hebräischen. In Basel blieb er dann jedoch rund 15 Jahre, von 1514 bis 1529. Als sich hier die Zwingli-Bewegung der Reformation ausbreitete, zog Erasmus nach Freiburg im Breisgau. Er lehnte die Reformation ab. Als sein Freund Thomas Morus in London 1535 enthauptet wurde, nannte Erasmus ihn eine „Seele reiner als der reinste Schnee. Ein Genius so groß, wie England nie eine hatte". Ein Jahr später starb er und wurde im Basler Münster beigesetzt, obwohl Basel zur Reformation übergegangen war.

Erasmus von Rotterdam (1466–1536)
Radierung von Félix Braquemond
aus dem Jahr 1863

Erasmus hat im Lauf seines Umherziehens rund 150 Bücher und rund 1000 Briefe geschrieben. Sein bekanntestes Werk ist das „Lob der Torheit". Er lieferte durch eine Neuübersetzung des Neuen Testaments einen großen Beitrag zur Reform der katholischen Kirche. Diese Übersetzung des Erasmus diente auch Martin Luther und den Züricher Reformatoren bei ihrer Arbeit. In den letzten zwei Jahren vor seinem Tod versuchte Erasmus, Luther mit der katholischen Lehre zu versöhnen. Lange hatte er sich mit dem Reformator auseinandergesetzt, bis es schließlich zum endgültigen Bruch kam.

> Erasmus von Rotterdam: „Ich verweigere niemandem die Freundschaft [...] ich bin so geartet, dass ich auch einen Juden lieben könnte, sofern er nur ein umgänglicher Genosse und Freund wäre und vor mir keine Blasphemien gegenüber Christus ausstieße. Ich glaube, dass ein solch höflicher Umgang äußerst nützlich wäre, um Zwiespalt zu beenden." – „Das Volk nennt Türken Hunde und Feinde des Namens Christi und bedenkt nicht, dass diese zuerst Menschen sind."[53]

▶ Nun überqueren wir am Arlberg die Grenze zu Österreich und kommen in Tirol zu dem genialen Schöpfer einer grundlegenden Überzeugung: Kinder brauchen eine Familie.

Hermann Gmeiner

Der Gründer der SOS-Kinderdörfer

Ein russischer Junge hatte dem verwundeten österreichischen Soldaten Hermann Gmeiner mitten im Krieg in der Sowjetunion das Leben gerettet. Das war vielleicht der spirituelle Startschuss für den Gründer der Kinderdörfer. „Was ihr einem meiner Kleinsten getan habt, das habt ihr mir getan." Dieses Wort Jesu Christi könnte über dem Leben des Gründers der SOS-Kinderdörfer, Hermann Gmeiner, stehen. Wir treffen ihn in der Nähe von Innsbruck, in Imst. Als der Tiroler im Jahr 1986 starb, gab es rund um den Globus 233 Kinderdörfer, die auf seine Initiative zurückgingen. Doch die Zahl wuchs bis 2019 auf 572 Einrichtungen in 135 Ländern. Insgesamt wurden 1,5 Millionen Kinder betreut. Albert Schweitzer nannte die Kinderdörfer die „freundlichsten Wunder der Nachkriegszeit". Ob nun vom Christentum gesprochen wurde oder nicht, es waren auf jeden Fall Heimstätten aus dem Geist des Mannes aus Nazareth.

Gmeiner wurde 1919 in Vorarlberg geboren, mit 21 Jahren musste er als Soldat nach Russland, wurde mehrmals verwundet. Er studierte Medizin und lernte in Innsbruck Waisenkinder in Heimen kennen, die seiner Ansicht nach nicht den Bedürfnissen der Kinder entsprachen. Er meinte, sie bräuchten eine Familie mit einer Mutter. Ja, es sollten mehrere Häuser mit Müttern in einem Kinderdorf stehen. So entstand im Dorf Imst das erste Kinderdorf. Dazu hatte er mühsam und auch gegen Widerstände viele Spenden gesammelt. An Weihnachten 1950 zogen die ersten fünf Waisenkinder in das Dorf.

Daraufhin gab es eine explosionsartige Ausbreitung von Kinderdörfern in Österreich, dann in Deutschland, Italien, Frankreich, schließlich in Indien, Vietnam, Südkorea sowie in Lateinamerika

Hermann Gmeiner (1919–1986)
Foto aus dem Jahr 1960

und Afrika. Die Idee der Kinderdörfer setzte sich rund um den Globus durch.

37 Jahre lang, bis zu seinem Tod, engagierte sich Hermann Gmeiner für Waisenkinder und verlassene Kinder. Wie viel Gutes konnte aufgrund der Initiative eines einzelnen Mannes getan werden! Gmeiner erhielt zu Lebzeiten insgesamt 96 Nominierungen für den Friedensnobelpreis.

Dostojewski hat geschrieben: „Kinder machen die Seele gesund.“ Und Shakespeare schrieb: „Kinder sind ein Segen Gottes.“ Vielleicht erlebte das auch Hermann Gmeiner.

> *„Was ihr einem meiner Kleinsten getan habt, das habt ihr mir getan.“ (Mt 25,40)*

▶ Von Innsbruck reisen wir nach Salzburg. Die Stadt lebt von Mozart. Vater Leopold Mozart war ein genialer Kaufmann, denn er hatte die Begabung seines Sohnes erkannt. Und so ernährt er seit zweieinhalb Jahrhunderten eine ganze Region.

Wolfgang Amadeus Mozart
Gottes Musikant

Der bekannte evangelische Theologe Karl Barth hat einmal über Mozart gesagt: „Ich bin nicht schlechthin sicher, ob die Engel, wenn sie im Lobe Gottes begriffen sind, gerne Bach spielen – ich bin aber sicher, dass sie, wenn sie unter sich sind, Mozart spielen und dass ihnen dann doch auch der liebe Gott besonders gerne zuhört." Vielleicht spielte der Vorname „Amadeus" im Leben des Musikgenies eine Rolle. Amadeus bedeutet: „Liebe Gott". In Salzburg konnte man kaum einer anderen Religion oder Konfession angehören als der katholischen. Man musste sonntags in die Kirche gehen und wohl oder übel für fromme oder weniger fromme Bischöfe und Fürsten Messen komponieren. Es war ein Muss.

Aber Wolfgang Amadeus tanzte halt aus der Reihe, als er sich in Mannheim verführen ließ, in die Freimaurerloge einzutreten und

Wolfgang Amadeus Mozart (1756–1791)
Porträt in Anlehnung an das Familiengemälde von 1780/81 postum gemalt von Barbara Krafft im Jahr 1819

etwas davon in die Zauberflöte einzuspielen. Sein Leben war ebenso dicht wie kurz. Er wurde geboren im Jahr 1756 und starb 1791.

Wolfgang Amadeus Mozart: „Wie war das Leben doch so schön! [...] Heiteren Sinnes muss man sein, zu was einen die Vorsehung zu bestimmen geruht hat. Und so beende ich meinen Grabgesang."
Seinem Vater konnte er einmal brieflich bekennen: „Ich habe Gott immer vor Augen. Ich erkenne seine Allmacht und fürchte seinen Zorn; aber ich sehe auch seine Liebe, sein Erbarmen und seine Güte, die er seinen Geschöpfen erweist. Er wird sein Eigentum nicht aufgeben."
Kurz vor dessen Tod schrieb er dem Vater: „Da der Tod der wahre Endzweck unseres Lebens ist, so habe ich mich seit ein paar Jahren mit diesem wahren, besten Freunde des Menschen so bekannt gemacht, dass sein Bild nicht allein nichts Erschreckendes mehr für mich hat, sondern recht viel Beruhigendes und Tröstendes."

„Halleluja! Singt dem Herrn ein neues Lied, sein Lob in der Versammlung der Frommen! Israel soll sich freuen über seinen Schöpfer, die Kinder Zions sollen jubeln über ihren König. Seinen Namen sollen sie loben mit Reigentanz, mit Trommel und Leier ihm spielen."
(Ps 149,1–3)

▶ Und nun fahren wir in das oberösterreichische Dorf St. Radegund, das alle Österreicher kennen, weil dort ein herausragender Bauer wegen der Ablehnung seines Landsmannes Adolf Hitler mit seinem Leben bezahlte.

Franz Jägerstätter

Kein Kampf für den Führer

Wegen Wehrkraftzersetzung wurde der Landwirt 1943 vom nationalsozialistischen Regime in Brandenburg hingerichtet. 2007 hat ihn Papst Benedikt XVI. wegen seines christlichen Zeugnisses seliggesprochen. Alldem ging ein geistig bewegtes Leben voraus.

Geboren wurde Jägerstätter 1907 als uneheliches Kind. Als er als junger Mann in Eisenerz im Bergwerk arbeitete, verlor er seinen christlichen Glauben fast ganz, fand aber bei seinem Großvater auf dem Bauernhof eine Menge Bücher und begann, viel zu lesen. Besonders interessierte er sich für Heiligengeschichten. Franz heiratete eine

Franz Jägerstätter
(1907–1943)

Franziska, das Paar bekam drei Kinder. Mit der Heirat begannen ein regelmäßiger Gottesdienstbesuch und die Bibellektüre. Er stand den Gedanken der Nationalsozialisten im Lauf der Zeit immer kritischer gegenüber. Als diese den „Anschluss“ Österreichs zur Abstimmung stellten, votierte Jägerstätter als Einziger im Ort dagegen. Er hatte vor allem von den Euthanasiemorden der Nazis gehört. Er war zwar in seinem Dorf als Bürgermeister vorgeschlagen worden, zog sich aber immer mehr aus dem Gemeindeleben zurück. 1940 denunzierte ihn der Bürgermeister als Gegner des Nationalsozialismus. Als er 1943 die Einberufung zur Wehrmacht erhielt, verweigerte er sie, bot sich aber als Sanitäter an. So wurde er angeklagt, zum Tode verurteilt und am 9. August 1943 enthauptet.

Bis heute ist er in Österreich eine bekannte Persönlichkeit, auf die viele stolz sind. Erst im Jahr 2019 drehte der US-amerikanische Regisseur Terrence Malick einen Film über Jägerstätter unter dem Titel „Ein verborgenes Leben“.

„Du sollst den Herrn, deinen Gott, anbeten und ihm allein dienen.“ (Lk 4,8)

▶ Von St. Radegund aus ist es nicht allzu weit nach St. Florian.

Der heilige Florian

Patron der Feuerwehrleute

Warum ist Florian zum Patron der Feuerwehrleute geworden? Die Antwort auf diese Frage ist gar nicht leicht, wenn man die Geschichte dieses Patrons kennt.

Florian war um das Jahr 300 römischer Offizier zur Zeit des Kaisers Hadrian, stationiert in der Nähe des heutigen Ortes St. Florian in Oberösterreich. Als er hörte, die christlich gewordenen römischen Soldaten würden gefoltert, damit sie zum heidnischen Götterglauben zurückkehren, kam er, um ihnen zu helfen. Jetzt ging es um sein eigenes Leben. Er wurde schlimm gefoltert, damit er dem Christenglauben abschwört. Da er widerstand, wurde ihm gedroht, er werde lebendig verbrannt. Er sagte darauf: „Dann steig ich mit den Flammen gen Himmel." Da bekamen die Folterer Angst, banden ihn an einen schweren Stein und warfen ihn von einer Brücke bei Lorch in den Fluss Enns. Er hatte eigentlich nicht viel mit Flammen und Feuer zu tun, aber nun verehren ihn die Feuerwehrleute.

„Ich bin gekommen, um Feuer auf die Erde zu werfen. Wie froh wäre ich, es würde schon brennen!" (Lk 12,49)

Hl. Florian († 304)
Altartafel von Bartholomäus Zeitblom, um 1494

▶ In St. Florian begann die Karriere eines berühmten Organisten.

Anton Bruckner

Komponist Gottes

Wem hat der herausragende Komponist seine letzte Symphonie gewidmet? Wie er selbst sagte: „Dem lieben Gott“, und er hat angefügt: „Wenn er sie nehmen mag“.

Geboren war Bruckner 1824, seine Stationen waren im Wesentlichen Linz und Wien. Er begann als Lehrer und Organist, wagte dann erste eigene Kompositionen und wurde bald in der damaligen Welt bekannt. Aber er blieb bescheiden und zurückhaltend. In Wien erschien er als der Mann vom Lande.

Geprägt war Bruckner vom Glauben an Jesus Christus. Er betete täglich. Aus seinen Notizen geht hervor, wie sehr er Gott suchte. Er lebte mönchisch und äußerst zurückgezogen, auch wenn er zu seinem Lebensabend im Wiener Schloss Belvedere wohnte. Brucker gelang es

Anton Bruckner (1824–1896)
Foto aus dem Jahr 1894

nie, die Frau seines Lebens zu finden, auch wenn er um die Hand mehrerer Damen anhielt. Er hatte auch zahlreiche Gegner, die es auf ihn abgesehen hatten. Seine wichtigsten Werke sind Messen, ein Tedeum und Symphonien. Gestorben ist er 1896 in Wien.

> ANTON BRUCKNER antwortete auf die Frage, wie, wann und wo ihm das göttliche Motiv seiner neunten Symphonie eingefallen sei: „Das war a so. Ich geh auf 'n Kahlenberg, und wie mir heiß wird und i hungrig wird, setz i mi ans Bachl und pack mein' Emmentaler aus. Wie i 's fette Papier aufmach, fällt mir die verflixte Melodie ein."

▶ Auf geht's in eine der kulturgeschichtlich herausragendsten Städte der Welt, nach Wien! Hier treffen wir eine außergewöhnliche Frau.

Hildegard Burjan

Gewissen des Parlaments

Die Dame wurde in der Hauptstadt der Habsburger das „Gewissen des Parlaments“ genannt. Andere bezeichneten sie als „Mutter der Heimarbeiterinnen“. Das Mädchen aus liberalem jüdischem Hause studierte in Zürich Literatur und Philosophie und promovierte magna cum laude. In Berlin setzte sie ihre Studien mit Sozialwissenschaften fort und heiratete 1882 den Ungarn Alexander Burjan.

Eine Nierenkolik und die völlig unerwartete, überraschende Heilung nach sieben Monaten in einer Berliner Klinik brachten eine Lebenswende. Barmherzige Schwestern hatten sie mit größter Liebenswürdigkeit gepflegt. In der Karwoche war sie dem Tode nahe, doch am Ostersonntag ging es ihr plötzlich besser, und sie war schnell völlig gesund. Die Pflege und die Heilung an Ostern brachten sie zur Überzeugung von der Wahrheit des Christentums, von Jesus als dem Messias. Sie konvertierte und ließ sich taufen. Von Berlin nach Wien übersiedelt, erwartete sie ein Kind. Ärzte rieten ihr dringend zur Abtreibung, sie weigerte sich.

Ab jetzt war ihr ganzes Leben den ausgebeuteten Frauen gewidmet. 1919 gründete sie die Schwesterngemeinschaft „Caritas socialis“, die bis heute Pflegeheime und Hospize unterhält. Ihr Einsatz galt aber vor allem den ausgenutzten und rechtlosen Heimarbeiterinnen. Sie rief zum Boykott von Firmen auf, die Frauen ausbeuteten. Da sie politisch bekannt geworden war, wurde sie in die konstituierende Nationalversammlung gewählt. Im Sommer 1933 starb sie 50-jährig an erneuter Nierenerkrankung und erlebte so die Verfolgung der Menschen jüdischen Blutes nicht mehr. Der Wiener Kardi-

Hildegard Burjan (1883–1933)
Porträt von Tom Richard Dreger, 1932

nal Franz König setzte sich ab 1963 für ihre Seligsprechung ein, die schließlich 2012 im Auftrag von Papst Benedikt XVI. erfolgte.

> Hildegard Burjan: „Eine weitere Hoffnung knüpft sich von Seite unserer Frauen, gewiss auch von Seite der vielen Männer, an die öffentliche Tätigkeit der Frau, nämlich, dass es ihr gelingen möge, die politischen Sitten zu veredeln und zu verfeinern. Möge die Frau, der man gewöhnlich vorwirft, dass sie zu persönlich ist, zu wenig Sachlichkeit aufbringt, im neuen Abgeordnetenhaus zeigen, dass sie nicht von Gefühlen, von momentanen Eindrücken hin- und hergeworfen wird, sondern über alles Persönliche hinaus, in ernster, klarer Verstandesarbeit auch bei politischen Streitfragen die Frauenwürde zu wahren weiß. Möge daher mit dem Einzug der Frau der gehässige, persönlich aggressive Ton verschwinden, der uns Frauen bisher die Politik so sehr verleidet hat."[54]

„Selig die Barmherzigen, denn sie werden Erbarmen finden." (Mt 5,7)

▶ Wir bleiben noch in Wien.

Clemens Maria Hofbauer
Nicht Hof-, sondern Bauernprediger

Clemens Maria Hofbauer war kein Hofprediger. Daher war er nicht nur umgetrieben, sondern umtriebig. Er war kein „lieber Pfarrer vom Land“, sondern ein Rumtreiber.

In Taßnitz im südmährischen Österreich wurde er 1751 geboren, Bäckerlehrling war er in Znaim im heutigen Tschechien. Von hier aus marschierte er dreimal zu Fuß nach Rom, in Wien trat er in den Redemptoristenorden ein und studierte Theologie. Vor den Toren von Rom – in Alatri – wurde er zum Priester geweiht. Sein Orden sandte ihn dann nach Warschau. Dort gründete er eine Armenschule, eine Handarbeitsschule für Mädchen und ein Waisenhaus. Nächste Station war das Kloster Tabor bei Jestetten unweit vom Bodensee. Dorthin kamen fromme Leute aus Triberg im Schwarzwald und baten ihn, die Seelsorge in der Wallfahrtskirche „Maria in der Tanne“ zu übernehmen. Dem aufklärerischen Generalvikar von Konstanz fiel Hofbauer dort unangenehm auf, daher musste er nach Babenhausen ins Allgäu ausweichen. Dort fiel er dem sehr aufgeklärten bayerischen Minister Montgelas noch unangenehmer auf. Zurück ging es nach Warschau. Dort spielte aber Napoleon noch immer eine Rolle, Hofbauer musste über Küstrin nach Wien zurück.

Hier wurde er endlich der große Glaubensverkündiger für das fromme Volk. Die Gläubigen nannten ihn „Apostel von Wien“, doch die Polizei bespitzelte ihn, weil sein Auftreten dem Josephinismus widersprach. Dieser wollte die Unterordnung der Kirche unter den Staat. 1820 starb Hofbauer an Entkräftung. 1888 wurde er selig- und 1909 heiliggesprochen.

Clemens Maria Hofbauer
(1751–1820)
Radierung von P. Rinn

Das Entscheidende an der Person des „Apostels von Wien" ist wohl seine Auseinandersetzung mit dem aufgeklärten Religions- und Staatsdenken. Dagegen wehrte er sich. Er predigte den Regierungen nicht nach deren Wohlgefallen, sondern nach dem Evangelium. Er war eben ein „Hofbauer" und kein „Hofprediger".

„Selig, die arm sind vor Gott, denn ihnen gehört das Himmelreich." (Mt 5,3)

▶ Auf geht's ins Burgenland zu einem weiteren genialen Menschen!

Joseph Haydn
Betender Musikant

Was macht ein Komponist, wenn ihm nichts Neues einfällt? Rosenkranz beten! Das war der Trick von Joseph Haydn. Der 1732 geborene Sohn des Wagnermeisters aus Niederösterreich lebte seit seiner Kindheit aus und mit dem christlichen Glauben. Er sagte von sich selbst: „Gott der allmächtige [...] gab mir besonders in der Music so viele Leichtigkeit, indem ich schon in meinem 6-ten Jahr ganz dreist einige Messen auf den Chor herab sang." Die Musikwissenschaftlerin und Haydn-Expertin Christine Siegert schreibt: „Religion war ganz selbstverständlicher Bestandteil einer Erziehung zu anderen Tugenden wie Ordnung, Wahrheitsliebe und Ähnliches."

Von 1761 bis 1790 war er Kapellmeister der ungarischen Adelsfamilie Esterházy im österreichischen Eisenstadt, rund 50 Kilometer östlich von Wien. Hier komponierte er ohne Unterlass im Auftrag seines Dienstherrn. Als er rund 60 Jahre alt war, wurde er in Pension entlassen, doch es begannen noch seine zwei Konzertreisen nach England. Hier wurden seine Konzerte gestürmt. Zurück in Österreich lernten ihn Mozart und Beethoven persönlich kennen. In fortgeschrittenem Alter entstanden noch seine „Symphonie mit dem Paukenschlag", seine „Londoner Symphonie", die Oratorien „Die Schöpfung" und „Die Jahreszeiten", das „Kaiserquartett", die „Kaiserhymne" sowie viele Messen. Haydn starb 1809, gerade als die Truppen Napoleons in Wien eindrangen. Klassische Musik ist ohne Haydn nicht zu verstehen, und Haydns Schöpfungen sind ohne seinen Glauben nicht zu verstehen.

Joseph Haydn (1732–1809)
Stich von Luigi Schiavonetti
nach einem Gemälde (um 1791)
von Ludwig Guttenbrunn

Joseph Haydn: „Wenn ich aber an Gott denke, ist mein Herz so voll Freude, dass mir die Noten wie von der Spule laufen."

▶ Von Wien aus machen wir einen Sprung nach Ungarn, nach Zugliget vor den Toren von Budapest.

Csilla von Boeselager

Mut aus dem Nichts

Die christlich engagierte Dame hat für DDR-Bewohner eine Schraube am westlichen Tor so gelockert, dass sie das Tor zur Freiheit aufmachen und aus dem Gefängnis fliehen konnten. Mit diesem Bild könnte man ihr Tun charakterisieren, durch das sie berühmt wurde.

Konkret ging das so: Die in Ungarn Geborene, aber in den Westen Geflohene interessierte sich im Wendejahr 1989 besonders für die Not in ihrem Heimatland Ungarn. Bei einem Besuch in Budapest erlebt sie die Ärmlichkeit der Krankenhäuser und den Tod eines Frühgeborenen, weil der altertümliche Brutkasten ausfiel. Nun ist ihr Herz in Ungarn. Nahezu ein Drittel aller Ungarn lebte damals noch unter der Armutsgrenze von 200 D-Mark im Monat. Und als die DDR ihre Bewohner nach Ungarn fliehen ließ, wurde die deutsche Botschaft in Budapest zum Flüchtlingslager, wie es auch schon die deutsche Botschaft in Prag gewesen war. Csilla von Boeselager wirkte Wunder. Denn nur durch ihren Charme und ihr Talent organisierte sie viel Geld. Mit Hilfe von deutschen und ungarischen Maltesern ließ sie Zeltlager für DDR-Bürger im ungarischen Zugliget errichten. Bald sind es über 7000 Flüchtlinge, aber es kommen schließlich bis zu 36 000. Am 10. September 1989 aber gibt der ungarische Außenminister die Grenze nach Österreich frei für die hier anwesenden DDR-Flüchtlinge. Ohne Csilla von Boeselager wäre die Flucht nicht so gewaltlos verlaufen. 1991 sagte sie in einem Fernsehinterview: „Ich bin gläubige Katholikin. Und Jesus hat gesagt: ‚Was ihr dem Geringsten meiner Brüder getan habt, das habt ihr mir getan.' Ich sehe in dem Kranken eine Begegnung mit dem Herrn, und ich behandle diesen Kranken wie den Herrn."

Csilla von Boeselager (1941–1994)

Und die Vorgeschichte: Die Dame war 1941 in Ungarn geboren worden, 1947 mit ihren Eltern nach Venezuela geflohen, hatte in den USA Chemie studiert, war dann nach Deutschland gekommen, hatte in Westfalen den Grundbesitzer Boeselager geheiratet und zwei Kinder geboren. Während der ganzen Zeit ihres Engagements für Flüchtlinge aus dem damaligen „Ostblock" hatte sie Krebs, bekam Chemotherapie, saß schließlich noch lange im Rollstuhl, nahm viele Ehrungen entgegen und starb mit nur 53 Jahren. Der ehemalige Außenminister Hans-Dietrich Genscher schrieb in einem Nachruf: „Vielen von uns hat sie geholfen, uns allen hat sie ein Beispiel gegeben."

„Ich war fremd und obdachlos, und ihr habt mich aufgenommen." (Mt 25,35)

▶ Wir fahren in den südlichsten Ort unserer Reise, die in Königsberg begann, und kommen nach Bozen in Südtirol.

Josef Mayr-Nusser

„Keinen Eid auf diesen Führer“

Wie kommt ein Mann aus Südtirol vor ein Gericht in Danzig, das ihn zum Tod verurteilen wird? Es war ein Mann, der sich weigerte, einen Treueid auf Adolf Hitler zu leisten. Er sagte gegenüber Freunden, die ihn warnten: „Wenn nie jemand den Mut aufbringt, ihnen zu sagen, dass er mit ihren nationalistischen Anschauungen nicht einverstanden ist, dann wird es nicht anders.“

Gekommen war sein Schicksal so: Der 1910 vor den Toren von Bozen geborene Josef Mayr-Nusser war kaufmännischer Angestellter geworden. Seine Hobbys aber waren Astronomie und Theologie. Er interessierte sich besonders für Thomas von Aquin, den Märtyrer Thomas Morus, der lieber starb, als den Eid auf den englischen König zu leisten, und für den Tiroler Freiheitshelden Peter Mayr.

Mit 22 Jahren trat Mayr-Nusser der sozial tätigen Vinzenz-Konferenz bei, denn er wollte seinen Glauben im Alltag leben und zeigen. Drei Jahre später wurde er selbst ihr Präsident und Chef der Jungmänner der katholischen Jugend. Dabei schrieb er viele geistliche Impulse. Als Josef 29 Jahre alt war, musste er sich wie alle Südtiroler entscheiden, ob er im italienisch gewordenen Südtirol bleiben oder nach Deutschland auswandern wolle. Er entschied sich für Südtirol. Doch 1943 wurde Südtirol von deutschen Truppen besetzt und Mayr-Nusser zur SS einberufen. Er kam zur Ausbildung in die Nähe von Danzig, wo er dann im Wissen um seinen Tod den Eid auf Hitler verweigerte. Sein Gewissen verbiete es ihm. Er wurde zum Tod verurteilt und sollte in Dachau erschossen werden. Auf dem Weg dorthin verstarb er am 24. Februar 1945 im Viehwagen in der Nähe von Erlangen. Im Jahr 2017 wurde er seliggesprochen.

Josef Mayr-Nusser
(1910–1945)

Ein Jahr vor seinem Tod hatte er geschrieben: „Zeugnis geben ist heute unsere einzige, schlagkräftige Waffe. Seltsam genug. Nicht Schwert, nicht Gewalt, nicht Geld, nicht einmal der Einfluss geistigen Könnens, geistiger Macht, nichts von alldem ist uns als unerlässlich geboten, um die Herrschaft Christi auf Erden aufzurichten. Etwas ganz Bescheidenes und doch viel Wichtigeres hat uns der Herr geboten: Zeuge zu sein."

„Wer mich vor den Menschen bekennt, den werde auch ich vor meinem himmlischen Vater bekennen." (Mt 10,32)

▶ Die letzte Persönlichkeit unseres Marathons ist ein Bischof, der den Aufklärern der Moderne weit voraus war.

Nikolaus von Kues

Der Frühaufklärer

In Brixen begegnen wir einem spätmittelalterlichen Denker. Er stand vielen kirchlichen Lehren kritisch gegenüber, vertrat fast eine moderne Toleranz und hatte Sympathien für den Islam. Er hinterfragte die Vollmacht der Päpste, die sogenannte „Konstantinische Schenkung“, die Errechnung des Osterdatums. Er verteidigte das Naturrecht gegen das von Menschen gemachte Recht, nahm auch die abtrünnigen Hussiten in Schutz, vertrat zeitweise die Ansicht, dass das Konzil über dem Papst steht, suchte die Einheit mit der Ostkirche. Schließlich vertrat er erstmals die Unendlichkeit des Universums. Dies ist nur ein grober Überblick. Er hat der kirchenkritischen Moderne viel zu sagen.

Nun aber die Daten: Geboren wurde Nikolaus 1401 in Kues an der Mosel, gestorben ist er mit nur 63 Jahren im umbrischen Todi. Er studierte in Heidelberg und Padua Juristerei. Mit 24 Jahren wurde er Sekretär des Bischofs von Trier und begann gleichzeitig, an der Universität Köln Vorlesungen zu halten. Im Lauf der Jahre erhielt er viele Pfründen, das heißt Bezahlungen von Pfarreien. Da er somit finanziell unabhängig war, konnte er unzählige kirchliche und theologische Verhandlungen führen und reisen. Als humanistischer Professor in Köln machte er historische Forschungen, fand Handschriften antiker Werke, entdeckte unbekannte Quellen. Er wurde ein Pionier der Rechtsgeschichte, die sehr wichtig war wegen der diskutierten Kirchenreform. Als Forscher arbeitete er ausgesprochen eigenständig. Ein Nebeninteresse galt der Astronomie. Dies war die Grundlage für seine Forderung, den Ostertermin zu verschieben. Zwanzig Jahre nach seinem Tod wurde der neue gregorianische Kalender eingeführt.

Nikolaus von Kues (1401–1464)
Zeitgenössisches Stifterbild vom Hochaltar der Kapelle des St.-Nikolaus-Hospitals, Bernkastel-Kues

Man kann sagen: Er tanzte auf allen Hochzeiten der Kirche seiner Zeit. Grund dafür waren seine geistigen Fähigkeiten, sein Denken, seine Unabhängigkeit, sein Geschick, seine Kontakte aus der Studienzeit, seine Genialität. Ohne ihn wäre in der Kirche seiner Zeit vieles anders gelaufen. Priester wurde er erst mit nahezu 40 Jahren. Er hatte auch unzählige Feinde und musste sich in Südtirol in einer Burg verschanzen.

Die erste große Hochzeit, auf der Nikolaus in breiter Öffentlichkeit 1432 tanzte, war das Konzil von Basel. Hier verteidigte er gegen den Gesandten des Papstes die Wahl seines Trierer Bischofs. Der war vom Domkapitel gewählt worden, der Papst wollte die Wahl nicht anerkennen. Nikolaus machte eine Grundsatzfrage daraus. Dem Volk Gottes dürfe kein Hirte aufgezwungen werden. Das, was alle betreffe, müsse auch von allen gebilligt werden. Naturrecht gehe vor dem menschlich gesetzten Recht. Das war auch die Sicht der Konzilsmehrheit. Daran habe sich der Papst zu halten. Das Ansehen von Nikolaus stieg gewaltig. Er war ein Diplomat geworden, konnte vermitteln. So vermittelte er dann auch im Konflikt mit den Hussiten. Nach diesem Streit stellte er sich aber auf die Seite des Papstes, um den Konflikt mit den byzantinischen Kirchen zu entschärfen, denn die Seite des Papstes war dafür geeigneter als die der Konziliaristen.

1437 reiste er von Basel nach Konstantinopel, um den byzantinischen Kirchen gegen die Türken zu helfen. Von dort kam er nach einigen Monaten mit den Spitzen dieser Kirchen nach Rom zurück. Nikolaus hatte europäische Geschichte gemacht. Der nächste Schritt auf der diplomatischen Karriere war sein Erfolg beim zehnjährigen Streit zwischen den deutschen Fürsten und dem Papst. Nikolaus schlichtete beim Wiener Konkordat.

Im Jahr 1450 war es Zeit, ihn zum Kardinal und zum Bischof von Brixen zu machen. Jetzt aber war seine Diplomatie am Ende, denn in Brixen kämpfte der Herzog von Tirol gegen ihn. Es gab jahrelangen Streit, Nikolaus musste sich in einer Burg verschanzen, nach Rom fliehen. Dort verfasste er eine Schrift zur Reform der ganzen Kirche, in der er sich vor allem auf den Grundauftrag der Verkündigung Jesu Christi berief. Christus müsse wieder im Zentrum stehen.

Nikolaus von Kues: „Selbst die größte Sammlung des Weltgeistes, das Zusammentragen der wichtigsten Gedankengüter ist doch nur ein lächerlicher Ausschnitt aus der Unendlichkeit des Geistes selber. Also gedenke in Demut, mein Freund.“

Abschließende Gedanken

Welche Bedeutung haben Einzelpersönlichkeiten in der Geschichte der Menschheit und in der Geschichte der Kirche? Können einzelne Menschen den Lauf der Geschichte prägen oder ändern? Hängt der Lauf der Weltgeschichte nicht vor allem von gesellschaftlichen Strukturen und politischen Mächten oder von wissenschaftlichen Erkenntnissen und Naturereignissen ab?

Ich wollte in diesem Buch zeigen, dass Einzelpersönlichkeiten auf verschiedenen Ebenen nicht nur kleine, sondern manchmal auch große kulturelle und gesellschaftliche Bewegungen und Änderungen bewirken können. Ich wollte die Leser davon überzeugen, dass auch sie als Einzelpersonen für einen gewissen Lebensraum wichtig sind oder sein können.

Zu Anfang des 21. Jahrhunderts kann man den Eindruck haben, dass das Christentum in Europa seinem Ende entgegengeht. Weniger als die Hälfte der Mitteleuropäer sind Kirchenmitglieder. Der Glaube an Jesus Christus in den Kirchen hat offenbar seine gesellschafts- und kulturprägende Kraft verloren. Vielleicht ist das Christentum Europas mit der Kirche in Nordafrika zu vergleichen, wo es vor 1500 Jahren geblüht hatte und dann zu Ende ging. Ich erlaube mir, hier meine persönliche Ansicht vorzustellen: Der Glaube an den Vater Jesu Christi, an Christus als Sohn Gottes und den Heiligen Geist lebte von Anfang an primär nicht von gesellschaftlicher und politischer Macht, sondern durch die Überzeugung und das Leben einzelner Christen und christlicher Gemeinden.

Zunächst war es die kleine Gruppe jüdischer Jesusanhänger. Es steht das historisch kaum zu erfassende Faktum, dass die „Sache Jesu" nach dem Tod des Mannes aus Nazareth nicht zu Ende ging, sondern erst anfing. Dies wird „Wunder des Heiligen Geistes" genannt. Entscheidend waren die Erlebnisse der Apostel, die Jesus nach seinem Tod als lebend erfahren hatten.

Es folgte bald die Zeit der ersten großen und kleinen Märtyrer. Kaiser Konstantin erlaubte um das Jahr 300 den Christen, ihren Glauben zu leben. Erst rund 90 Jahre später wurde er sogar zur offiziellen Religion des Staates. Dies war aber nicht der eigentliche, tiefere Grund für seine Ausbreitung. Voraus ging das persönliche Zeugnis vieler einzelner Christen. Ihr Denken und Tun strahlten aus. Konstantin fand dieses Denken für den Staat hilfreich und nützlich.

Später spielten die politischen Entscheidungen von Königen und Fürsten für die Denk- und Lebensweise ganzer Völker eine große Rolle. Es waren also nie nur Individuen, die sich taufen ließen, sondern ganze Völker. Mit der Taufe der Autoritäten übernahm ihr „Clan", ihr Volk mehr oder weniger schnell und wirkungsvoll christliche Normen.

Dazu brauchte es aber auch die großen Denker, die Vordenker, die Theologen. Sie spielten eine herausragende Rolle. Nicht allein das Leben von Christen und die Entscheidungen durch Fürsten standen am Anfang von gesellschaftlichen Entwicklungen, sondern auch die Vor-Denker. Ohne die Kirchenlehrer, die den Märtyrern folgten, hätte der Glaube an Jesus Christus nicht den großen Sprung gemacht und das Denken Europas geprägt. Der Bogen spannt sich von Augustinus bis Thomas von Aquin.

Unter den großen Kulturprägern und Zeugen in diesem Buch sind viele Märtyrer und Vordenker.

Meine These: Der heutige Niedergang der Kirchen kommt primär nicht von den Sünden der Amtsträger. Er kommt primär daher, dass Aufklärung und christlicher Glaube noch Gegensätze zu sein scheinen. Sie sind es aber nicht. Religiöser Glaube ist rational verantwortbar und begründbar. Papst Benedikt XVI. sagte in einem Vortrag im Jahr 2009 über die Enzyklika „Fides et ratio" seines Vorgängers: „Der Glaube braucht den Mut der Vernunft zu sich selbst. Er steht nicht gegen sie, sondern fordert sie heraus, sich das Große zuzutrauen, zu dem sie geschaffen ist."

Diese Vereinbarkeit ist bei der Mehrzahl der Getauften nicht angekommen. Auch ist die Verkündigung zu wenig auf das heutige Denken eingestellt. Es ist den Kirchenverantwortlichen noch nicht gut genug gelungen, den Glauben vor kritischem Denken zu rechtfertigen. Es fehlen bei vielen Getauften auch Grundkenntnisse. Die Fehler der Amtsträger sind nur der Auslöser für die Aufdeckung dieses tiefergehenden Mangels. Neben der Unkenntnis Jesu Christi und seiner Botschaft kommt die Manipulation der Menschen durch Ideologen und die Macht der Märkte. Verkünder des christlichen Glaubens müssen daher heute wesentlich überzeugter sein und auftreten.

Noch ist Europa nicht verloren. Um die geistige, kulturelle und politische Bedeutung Europas zu bewahren, muss der Kontinent nicht nur die Prinzipien des Rechtsstaates einhalten, sondern auch seine geistigen Grundlagen und Wurzeln bewahren und pflegen. Sollten die meisten Europäer eines Tages nicht mehr wissen, wie der Mann am Kreuz heißt und warum dieser Halbnackte an zwei Balken gezeigt wird, dann ist auch die politische Bedeutung Europas am Ende. Weder Rechtsstaatlichkeit noch soziale Marktwirtschaft oder militärische Verteidigung alleine retten Europa. Es braucht auch den Geist des Mannes am Kreuz, der den Europäern den Geist der Solidarität und den Glauben an die Auferstehung geschenkt hat.

Anmerkungen

1 Dietrich Bonhoeffer, Widerstand und Ergebung (DBW Bd. 8), Gütersloh 1998, 30 f.

2 Dag Hammarskjöld, Zeichen am Weg, München 1965.

3 Mechthild von Magdeburg, „Ich tanze, wenn du mich führst“. – Ein Höhepunkt deutscher Mystik, ausgewählt und übersetzt von Margot Schmidt, Freiburg i. Br. 2001.

4 Konrad von Preysing, Hirtenbrief über das Recht vom 13. Dezember 1942.

5 Joachim Kramarz, Claus Graf von Stauffenberg. 15. November 1907–20. Juli 1944. Das Leben eines Offiziers, Frankfurt a. M. 1965, 201 und 132.

6 Günter Grass, Über meinen Lehrer Döblin und andere Vorträge, Berlin 1968.

7 „Ich steh an deiner Krippe hier“, in: Gotteslob. Katholisches Gebet- und Gesangbuch, Stuttgart u. a. 2013, Nr. 256, 2. Strophe.

8 Martin Luther, Von der Freiheit eines Christenmenschen, 1520.

9 https://www.deutschlandfunk.de/johann-sebastian-bach-zur-ehre-gottes-und-recreation-des-100.html.

10 Helmut Gollwitzer / Käthe Kuhn / Reinhold Schneider (Hg.), Du hast mich heimgesucht bei Nacht. Abschiedsbriefe und Aufzeichnungen des Widerstandes 1933–1945, München 1955, 217.

11 Helmuth James und Freya von Moltke, Abschiedsbriefe Gefängnis Tegel, München 2011.

12 Ludwig Lemcke, Angelus Silesius, in: Allgemeine Deutsche Biographie, Bd. 1, Leipzig 1875, 453.

13 Maximilian Kolbe, Jedem ist der Weg gewiesen. Texte eines Martyrers, Ostfildern 1977.

14 Friedrich Nietzsche, Die fröhliche Wissenschaft, Nr. 125–127.

15 Lothar Gall, Bismarck. Der weiße Revolutionär, Frankfurt 1980, 487.

16 Jonathan Steinberg, Bismarck. Magier der Macht, Berlin 2012.

17 https://www.aphorismen.de/suche?autor_quelle_galen&seite=2.

18 Friedrich von Spee, Cautio Criminalis oder Rechtliches Bedenken wegen der Hexenprozesse, München 2000.

19 https://www.heiligenlexikon.de/BiographienA/Albertus_Magnus.htm, abgerufen am 20.9.2022.

20 Ebd.

21 Marx-Engels-Werke, Bd. 4, Berlin [11]1990, 462.

22 Isa Vermehren, Reise durch den letzten Akt, Hamburg 1979, 189.

23 Hieronymus Jaegen, Der Kampf um das höchste Gut. Anleitung zur christlichen Vollkommenheit inmitten der Welt, hg. von Karl Rudolf, Innsbruck [4]1938, 72–75.

24 Peter Wust, Ein Abschiedswort, in: Paul Wolff, Christliche Philosophie in Deutschland 1920–1945, Regensburg 1949, 74.

25 Hildegard von Bingen, Wisse die Wege – Liber Scivias. Eine Schau von Gott und Mensch in Schöpfung und Zeit, Beuron 2010, 15–17.

26 Rita Haub, Peter Faber. Globetrotter Gottes, Kevelaer u. a. 2006, 38.

27 https://de.wikipedia.org/wiki/Johannes_Gutenberg, abgerufen am 20.8.2022.

28 Briefe des hl. Petrus Canisius, hg. von Siegfried Seifert, Leipzig 1983, 97.

29 Anton M. J. Kormann, Domprediger Dr. Johann Maier – Märtyrer. Person, Ort, Zeit 1933–1945, Nittendorf 2006, 399.

30 Aus dem Sonnengesang von Franz von Assisi.

31 Immolata Wetter, Mary Ward, Aschaffenburg 1985, 35 f.

32 Aus den Verhörprotokollen, Februar 1943; Bundesarchiv Berlin, ZC 13267, Bd. 3.

33 Fritz Gerlich in der Zeitschrift „Illustrierter Sonntag", 2. August 1931.

34 Wilhelm Sandfuchs, Pater Rupert Mayer. Verteidiger der Wahrheit – Apostel der Nächstenliebe – Wegbereiter moderner Seelsorge, Würzburg 1981, 131.

35 Aus dem Abschiedsbrief, Berlin-Plötzensee, 2. Februar 1945.

36 Biographisch-Bibliographisches Kirchenlexikon (BBKL). Bd. 20, Nordhausen 2002, Sp. 27–34.

37 Romano Guardini, Berichte über mein Leben, Düsseldorf 1985, 47.

38 Romano Guardini, In Spiegel und Gleichnis, Mainz 1932.

39 Carl Friedrich von Weizsäcker, Säkularisierung und Naturwissenschaft, in: ders., Zum Weltbild der Physik, 7. erw. Aufl., Stuttgart 1957, 263.

40 https://www.vatican.va/roman_curia/congregations/cfaith/documents/rc_con_cfaith_doc_20030509_ratzinger-simposio_laterano_ge.html.

41 Gertrud von Le Fort, Das Schweißtuch der Veronika, München 1949, 620.

42 Heinrich Heine, Zur Geschichte der Religion und Philosophie in Deutschland – Kapitel 1.

43 https://www.taize.fr/de_article6320.html, abgerufen am 29.1.2024.

44 Theodor Haecker, Tag- und Nachtbücher, Innsbruck 1989, 165.

45 Theodor Haecker, Ein Nachwort, Hellerau 1918,.

46 Haecker, Tag- und Nachtbücher (wie Anm. 44), 134, Notat 639 vom Dezember 1940.

47 Otto von Habsburg, Mut zur Pflicht, Ostfildern 2011, 125.

48 https://www.arbeitskreis-katholischerglaube.com.

49 https://sichtbar-freiburg.de/portfolio_page/gertrudluckner/, abgerufen am 22.10.2022.

50 Joseph Sauer, Die Anfänge des Christentums und der Kirche in Baden, Heidelberg 1911, 30.

51 https://www.heiligenlexikon.de/BiographienV/Vinzenz_von_Paul.html, abgerufen am 21.10.2022.

52 https://www.heiligenlexikon.de/BiographienR/Roger_Schutz.html#, abgerufen am 3.10.2022.

53 https://de.wikipedia.org/wiki/Eras mus _von_Rotterdam, abgerufen am 3.10.2022.

54 Aus der „Reichspost" vom 20.2.1919: https://anno.onb.ac.at/cgi-content/anno?apm=0&aid=rpt&datum=19190220&seite=1, abgerufen am 21.10.2022.

Alphabetisches Verzeichnis

Personen

Orte

Bildnachweis

AKG-images 53, 74, 202 (George (Jürgen) Wittenstein), 225 (Keystone / WALTER STUDER), 268

Adobe.Stock 57 (aquatarkus), 71 (piroskant), 178 (Archivist)

Alamy Stock Foto 16 (IanDagnall Computing), 19 (GRANGER – Historical Picture Archive), 25 (IanDagnall Computing), 27 (Maidun Collection), 30 (Danvis Collection), 32 (GRANGER - Historical Picture Archive), 33 (The History Collection), 35 (imageBROKER.com GmbH & Co. KG), 40 (bilwissedition Ltd. & Co. KG), 44 (CPA Media Pte Ltd), 47 (SuperStock), 55 (GRANGER – Historical Picture Archive), 59 (GRANGER – Historical Picture Archive), 63 (colaimages), 70 (The Print Collector), 78 (History and Art Collection), 85 (Penta Springs Limited), 89 (North Wind Picture Archives), 92 (World History Archive), 95 (The History Collection), 106 (VTR), 112 (colaimages), 118 (The Picture Art Collection), 124 (history_docu_photo), 137 (Pictorial Press Ltd), 140 (Pictorial Press Ltd), 151 (Balfore Archive Images), 157 (BTEU/Gerfototek), 171 (The History Collection), 176 (Maidun Collection), 180 (Art World), 187 (history_docu_photo), 189 (Universal Art Archive), 201 (The History Collection), 211 (The History Collection), 231 (The History Collection), 237 (Peter Probst), 239 (Alto Vintage Images), 243 (Keystone Press), 261 (Alpha Historica), 262 (Keystone Press), 276 (Pictorial Press Ltd), 282 (Art Collection 2)

KNA 41, 48, 99, 107 (Harald Opitz/KNA), 115, 127, 149, 164, 191, 205, 266: ©1800, KNA GmbH, www.kna.de
50, 122, 153, 161, 166, 214, 227, 245: © KNA-Bild
131: © 2016, KNA GmbH, www.kna.de. Robert Duncan/CNS Photo/KNA
141: © 2014, KNA GmbH, www.kna.de. KNA/Jörg Loeffke
173: © 1989 KNA, www.kna-bild.de
207: © 1938, KNA GmbH, www.kna.de
209: © 1944 KNA, www.kna-bild.de
233: © 2019, KNA GmbH, www.kna.de. Christian Hammer/KNA
247: © 1966, KNA, www.kna.de
256: © 2016, KNA GmbH, www.kna. Sabine Biedermann/KNA
258: © 2016, KNA GmbH, www.kna.de. Barbara Beyer/KNA

Wikimedia 22 a–d (Erzbischöflichen Stiftung Lübecker Märtyrer), 38, 61, 66, 68, 76, 81, 83, 97, 101, 109 (Shawky1993), 133, 145, 147, 156, 159, 168, 185, 193, 215 (Bundesarchiv, B 145 Bild-F063257-0006 / Engelbert Reineke), 218 (Medialpj), 223, 235 (karl-leisner.de), 241, 264, 269, 272, 274, 280: https://commons.wikimedia.org (public domain)

Bischöfliches Ordinariat Regensburg 195

Osteuropahilfe e. V. 278